KB077870

멘트가
죄다

멘트가 죄다

· 안규호 지음 ·

'킬Kill'할 수 없다면, 아무 말도 하지 마라

쌤앤
파커스

당신의 매출에는 분명 '죄'가 있다

'갑'이 되는 멘트는 따로 있다

'기' 빠진 멘트는 '부도수표'에 불과하다

 '좋은 영업'은 '좋은 질문'에서 나온다

무엇이 '문제'인지
모르는 것이 '문제'다

어느새 나도 8년차 세일즈맨이 되었다. 내가 쓰고 있는 이 원고가 세상에 출간될 때쯤엔 9년차, 10년차가 되어 있을지도 모르겠다. 산전수전을 다 겪은 베테랑 영업자의 눈에는 내 경력이 일천해 보이겠지만 나는 이 짧은 시간에 많은 것을 경험했고, 적지 않은 성과를 이뤄냈다고 자평한다. 또 나이가 많거나 경험이 많다고 무조건 높은 성과로 연결되지도 않는 것이 영업의 생리인 터, 짧은 시간 안에 이뤄낸 내 경력에 감사함을 느낀다.

"대표님, 저 정말 너무 힘들어요. 어떻게 해야 영업을 잘할 수 있죠? 일은 계속 밤낮 없이 하고 있는데 매달 달라지는 건 없어요. 오늘과 똑같은 내일을 맞을 자신이 없어요. 돈 버는 게 너무 힘들어요. 어떻게 해야 할지 전혀 모르겠어요. 매달 빚만 늘어가고 있어요. 이 일은 도저히 저랑 맞지 않는 것 같아요. 제발 도와주세요…."

수많은 사람들의 이야기를 들었다. 그들에게 질문했다.

"지금 당신의 가장 큰 문제점이 뭐라고 생각하세요?"

"만날 고객이 너무 없어요. 도대체 어디 가서 고객을 만나야 할지 모르겠어요. 어떻게 마케팅을 해야 할지 모르겠어요."

"그럼 지금 마케팅이 가장 큰 문제인가요? 상담 스킬과 영업력은 어느 정도 갖추고 계신가 보네요?"

"네. 제 경우에 상담은 어느 정도 남들 이상은 하는 것 같아요."

나를 찾아온 대부분의 사람들이 이렇게 말했다. 하지만 내가 보기에 이 중 90퍼센트 이상은 억대 연봉자가 되기에 아직은 현저히 부족한 영업자들이다. 나는 영업의 기본을 어느 정도 갖추고 있고 대화의 기술과 멘트만 제대로 갖추고 있다면 아무리 못해도 월 500만 원 이상의 소득이 가능하다고 확신한다. 최소가 월 500만 원이고 사실 적재적소 멘트만 제대로 사용한다면 월 1,000만 원까지도 충분히 가능하다고 생각한다. 사실 이들이 가진 문제의 태반은 아주 기본적인 스킬의 부재에 있다. 그런데 정작 자신들의 문제를 '마케팅' 부재라고 생각하고 있으니 제대로 된 해답이 나올 리가 없다.

우리는 병에 걸리고 몸이 아프면 병원을 찾아간다. 의사라는 전문가에게 자신의 증상을 이야기하고 처방을 받는다. 그리고 병에 맞게 치료를 받으며 건강을 되찾는다. 그런데 영업이나 비즈니스에서는 문제를 겪고 있는 사람들에게 이런 정확한 진단을 내려주고 처방을 내려줄 수 있는 사람이 없다. 기껏 해야 동료들끼리 서로 의논하거나 지인들에게 하소연할 뿐이다. 가장 큰 문제는 정작 본인이 무엇이 문제인지를 정확히 모른다는 것이다.

예전에 몸에 심하게 두드러기가 난 적이 있었다. 밤이 되면 두드러기가 온몸을 뒤덮었고 가려움에 고통이 극에 달했다. 고통 속에서 온몸을 긁어대며 밤을 지새우거나 도저히 버틸 수 없을 땐 응급실로 달려가 스테로이드 주사를 맞은 후에야 겨우 잠들 수 있었다. 대학병원에 가서 비싼 돈을 내고 각종 검사를 하고 치료를 해도 전혀 나아지지 않았다. 담당 의사가 말했다.

"원인을 찾을 수가 없네요."

"선생님, 그럼 저는 평생 이렇게 살아야 되는 건가요?"

"네, 어쩔 수 없습니다. 그냥 알레르기라고 생각하세요."

몇 개월을 매일 두드러기의 고통 속에서 지내야 했다. 병원 치료부터 민간요법까지 많은 시술과 치료를 받아봤지만 내 몸은 좀체 나아지지 않았다. 결국 의사의 말대로 불치병이라고 생각하고 치료를 포기했다.

그러던 중 선배 아버님의 장례식장에서 한의사들과 합석을 하게 되었다. 자리에서 술을 몇 잔 먹자 몸에 또 두드러기가 나기 시작했다. 내 손과 목에 올라온 두드러기를 보고 옆에 있던 한의사가 물었다.

"이거 왜 이런 거예요?"

"그냥 매일 이래요. 이러다가 금방 또 없어져요."

"안 힘들어요?"

"포기했어요. 그냥 그러려니 하고 살아요. 대학병원도 다녀보고 별의별 짓 다 해봤는데 소용없더라구요."

"제가 명함 드릴 테니까 시간 내서 꼭 찾아오세요. 돈 안 받을 테니 걱정 마시구요."

이야기를 들어보니 오랫동안 한의학으로 피부 치료 연구를 하신 분이었고 그 분야에서 최고라는 평판이 자자했다. 공짜로 해준다는데 밑져야 본전이라는 생각으로 그분의 한의원을 찾아갔다. 몇 가지 검사를 한 뒤 나에게 물었다.

"평소에 술 많이 먹고 스트레스 많이 받죠?"

"네, 뭐 그냥저냥."

"간이 많이 손상돼서 그런 것 같은데 검사 좀 더 해봅시다."

검사 결과 나는 간이 매우 손상되어 있었다. 사실 어렸을 때부터 술을 좋아했고 영업을 한다는 핑계로 매일같이 사람들과 어울려 폭음을 했다. 게다가 일을 꼼꼼하게 처리하는 성격이다 보니 남들보다 예민한 것도 사실이었다. 그분의 처방대로 나는 간부터 치료하기 시작했다. 그렇게 치료를 받은 지 3개월 만에 나의 두드러기는 모두 사라졌다. 몇 개월 동안 별의별 방법을 다 동원해도 고쳐지지 않고 나를 괴롭히던 두드러기가 단 3개월 만에 모두 사라진 것이다.

5년이 지난 지금도 몸에 두드러기가 나지 않는다. 완전히 완치된 셈이다. 병의 원인이 간에 있었음에도 나는 매일 피부과를 찾아다녔고, 독한 약을 먹어댔으니 오히려 병이 악화될 수밖에 없었다. 이렇게 문제의 정확한 원인을 모르면 제대로 된 해법이 나올 리 없다. 원인을 정확히 알고 문제를 제대로 파악해야 제대로 된 답도 나올 수 있다.

영업자가 처음부터 만날 고객이 없었을까? 아니다. 처음에는 불타는 열정에 휩싸여 사돈에 팔촌, 심지어는 헤어진 첫사랑까지 찾아가게 만드는 것이 영업이다. 그럼 무엇이 문제일까? 설명이 부족해서? 더 비싼 마케팅 방법을 쓰지 못해서? 아니다.

당신이 사소하다고 치부해버리는 그것, 하지만 고객에게 가장 강력한 첫인상으로 기억될 바로 그것, 문제는 당신의 멘트에 있다. 어눌함, 횡설수설하며 장황하게 늘어놓는 제품 설명, 자신감 없는 말투, 언제나 고객의 말이라면 떠받들어 모시겠다는 그 '을'의 마음가짐에서 나오는 모든 말과 행동이 당신의 영업을 망치고 있다.

만약 당신이 그 사람들에게 제대로 된 멘트를 구사했다면 어땠을까? 프로라는 느낌을, 이 사람이 아니면 누구에게 사더라도 손해를 보겠다는 강한 확신을 주는 말과 태도로 고객들을 대했다면 어땠을까? 사돈에 팔촌까지 갈 필요 없이 고객들이 먼저 당신에게 몰려들 것이고, 그들의 지인 소개가 쭉쭉 줄을 이을 것이다. 그랬다면 당신은 지금처럼 힘든 상황을 겪지 않았을 것이다.

이 글을 읽고 있는 당신이 아직 억대 연봉자가 아니라면 그것은 일단 당신의 멘트와 세일즈 기본 스킬 문제일 확률이 매우 높다. 지금 당신의 세일즈가 너무나 힘겹다면 그 문제의 핵심은 바로 당신의 멘트에 있다.

억대 연봉자가 되고 싶다면, 당신조차 놀랄 만한 엄청난 성과를 올리고 싶다면, 단숨에 고객을 사로잡고 싶다면 이 책을 펼쳐라. 지금부터 나와 함께 어떤 멘트로, 어떻게 고객을 지배할 수 있을지 함께 살펴보자.

영업대장 안 규 호

Part 1

당신의 매출에는 분명 '죄'가 있다

고객에게 단순히 상품 설명만 하고 말 것인지, 제대로 계약을 성사시킬 것인지는 거창한 마케팅 방법론이 아니라 바로 '멘트'가 결정한다. 무심코 고객에게 내뱉었던 멘트 하나만 제대로 바꾸어도 당신의 매출이 달라진다. 그 매출 곡선이 얼마나 가파르게 올라갈지, 몇 배로 성장할지는 아무도 모른다. 그래도 당신은 마케팅 탓만 하면서 스스로 무슨 멘트를 하고 있는지 돌아보지 않을 것인가?

멘트만 바꿔도
매출은 100배가 뛴다

전역한 지 1년도 채 되지 않은 스물네 살 때였다. 그때의 나는 아무것도 두렵지 않았다. 무언가에 도전하기에 젊었고, 패기 넘치며 언제나 당당했다. 세상 어떤 일을 하더라도 성공할 수 있다는 자신감이 가득했다. 머릿속에는 항상 '뭘 해야 돈을 많이 벌 수 있을까?'라는 생각이 가득 차 있었다. 그리고 마침내 이런 결론을 내렸다. '대한민국은 창업 아니면 영업이다.' 하지만 창업은 자본금이 있어야 시작할 수 있었고, 당시 무일푼이었던 내가 할 수 있는 일이라고는 영업뿐이었다. '그까짓 거 영업이 뭐 별거겠어? 이왕 시작하는 거, 제일 큰 회사에서 제대로 한번 해보자!'

국내 최대 규모의 금융 회사인 현대캐피탈에 입사지원서를 냈고, 잘할 수 있겠느냐는 면접관의 질문에 당찬 포부를 밝히며 큰 소리로 대답했다. "입사하면 1등 할 자신이 있습니다." 하지만 현실은 내 생각과는 완전히 달랐다. 입사하고 두 달 동안 실적이 거의 없었다. 영업의 세계는 철저하게 실력에 따라 평가받고 실적에 따라 급여를 받는, 처절하고 냉정한 프로들의 전장이었다. 패기 하나만 믿고 들어온 신입에게 성과나 행운 따위는 존재하지 않았다. 게다가 처음 시작했던 영업 분야가 대출이었기 때문에 지인들에게 부탁할 수도 없었다. 아무리 지인이라지만 나 먹고살자고 대출을 권할 수는 없지 않은가.

지인에게 부탁하고 싶지 않아 일부러 이 분야를 선택했지만 처음에는 너무 힘들고 막막할 터라 지인 영업이라도 할 수 있는 영업자들이 정말 부러웠다. 영업을 하면서 가장 힘들고 고통스러운 순간은 갈 곳이 없고 만날 사람도 없는 것이기 때문이다. 그렇다고 포기할 수도 없었다. 내가 할 수 있는 일이라고는 남보다 더 열심히 뛰는 수밖에 없다고 생각했다.

나는 새벽 5시에 일어나 주차된 차에 회사 전단지를 꽂는, 일명 '차꽂이'로 일과를 시작했다. 새벽부터 돌아다니다가 아침 9시가 되면 회사로 출근하여 아침 조회에 참석했다. 조회가 끝나면 곧바로 판촉 지역에 방문 영업을 나갔다. 지치고 피곤했지만 성공을 향한 간절함과 회사에서 본 영업 고수들의 모습, 성공하면 얻게 될 윤택한 삶과 기뻐할 가족의 모습을 떠올리며 견뎠다. 그러나 그 희망이 실적 제로라는 절망으로 돌아왔을 때 어떻게 버텨야 할지 참담했다. 회사 동료들은 그런 나를 끊임없이 위로하고 격려해주었다.

"규호야, 너는 무조건 잘될 거야. 너처럼 열정적이고 부지런한 애들은 금방 잘되니까 걱정하지 마. 처음부터 잘하는 사람이 어디 있겠어. 시간이 해결해줄 테니까 걱정하지 말고 지금처럼만 해."

그들의 위로는 고마웠지만, 그것이 참담한 상황을 벗어나는 데 크게 도움이 되지는 않았다. 냉정하게 이야기하면 엇비슷한 사람들끼리 모여 있으니 발전이 없었다. 나에게는 나를 이끌어줄 사람이 절실했다. 하지만 회사에서 월 1,000만 원 이상 버는 톱클래스 영업자 선배들은 자신의 노하우를 공개하지 않았고, 월 300~400만 원을 겨우 버는 선배들에게는 열심히 돌아다닌 것 이외에는 특별한 노하우가 없어 보였다.

절박했던 나는 방법을 바꿔 세일즈, 마케팅, 영업에 대한 책을 닥치는 대로 들여다봤다. 밑줄을 치며 공부했고, 다양한 영업 방식을 배웠다. 그리고 나서 처음 선택한 영업 방식이 텔레마케팅이었다. 그 당시 회사에서 주력으로 삼았던 영업 방식은 무작정 돌아다니며 방문 영업을 하는 이른바 '돌방'과 소비자 정보를 기반으로 맞춤형 판촉 메시지를 발송하는 'DM', 인터넷 채널을 활용하는 것이었다. 텔레마케팅은 회사에서 아무도 하지 않는 방법이었다. 이 방법을 택한 나를 보고 회사 선배들과 팀장님은 돌아가면서 한마디씩 했다.

"왜 아무도 안 하는 짓을 너 혼자 해. 무슨 텔레마케팅이냐? 남들이 안 하면 다 이유가 있는 거야. 그냥 하지 마."

모두가 만류했지만 나에게는 선택의 여지가 없었다. 책에서 배운 수많은 영업 방식 중 솔직히 내가 할 수 있는 것이 별로 없었다. 나가서 영업을 하고 싶어도 영업할 돈이 없었다. 인터넷 마케팅이나 DM을 발송할 돈도 없었고, 돌방은 오래 할 수 있는 방법이 아니라고 판단했다. 그래서 돈 없이 할 수 있는 방법을 찾다가 텔레마케팅을 선택한 것이다. 전화는 사무실에 있는 전화기를 사용하면 되니 따로 영업비가 들지 않았기 때문이다. 하루 종일 사무실에만 있으니 선배들이 점심이나 간식도 사주었다. 텔레마케팅은 내가 할 수 있는 최선의 방법이자 최고의 방법이었다. 바로 실행에 옮겼고, 나는 돈 한 푼 들이지 않고 영업을 할 수 있게 되었다. 하지만 이 방법도 처음부터 성과가 있었던 것은 아니다.

"안녕하세요. 현대캐피탈입니다."

"네, 바빠요. 대출 필요 없습니다."

전화를 하면 고객들이 바로 끊어버렸다. 첫인사를 하고 그다음 대화로 넘어가질 못하니 당연히 성과가 나올 리 없었다. 게다가 어떤 고객들은 얼굴을 보지 않는다고 대뜸 반말이나 입에 담기 힘든 욕을 했다. "끊어, 이 새끼야." 마구 날아오는 육두문자들이 나를 더욱 힘들게 했다. 텔레마케팅을 3일 정도 했을 때 몸과 마음이 지칠 대로 지쳐버렸다. 동료들의 눈치를 보며 온종일 통화하는 것도 힘들었고 고객들의 냉대와 무시, 특히 실적이 없다는 사실이 괴로웠다. '나는 영업이랑 안 맞나? 이쯤에서 때려치워야 하나.' 오만 가지 생각이 나를 괴롭혔다.

그러나 일을 그만두기에는 너무 부끄러웠다. 패배자처럼 이곳을 떠나고 싶지는 않았다. 지금 떠나면 뒤에서 동료들이 수군거릴 것만 같았다. 떠나더라도 정상에 오른 다음 멋지게 떠나고 싶었다. 밤마다 고객과 전화하는 모습을 계속 상상하며 방법을 연구했다. '어떻게 하면 두 마디 이상 대화할 수 있을까?', '어떻게 해야 고객들이 나의 이야기를 들어줄까?', '고객들을 설득시킬 수 있을까?' 그들을 사로잡을 수 있는 단 한마디의 멘트가 무엇인지 고민하고 또 고민했다. 그러고 나서 마침내 내가 맨 처음 한 일은 회사의 이름을 바꾸는 것이었다.

"안녕하세요. 현대캐피탈 금융센터입니다."

"안녕하세요. 현대캐피탈입니다."라고 말하는 순간, 고객들의 머릿속에는 회사에 대해 알고 있던 익숙한 이미지, 즉 '담보대출'이라는 말이 가장 먼저 떠오를 것이다. 그래서 이 말을 듣는 순간 끊어버린다. 하지만 '금융센터'라는 단어 하나만 추가해도 고객들은 금세 낯설어한다. 그리고 "네? 어디라고요?" 되묻는다. 일단 이 반응을 끌어냈다면 성공이다. 왜냐하면 고객이 전화를 바로 끊지 않았으니 말이다. 그러고 나서 준비한 멘트를 시작한다.

"현대자동차 계열사, 현대캐피탈이요. 자동차 구입하실 때 많이 들어보셨죠? 바로 그 현대캐피탈 금융센터입니다."

익숙한 이미지라도 고객들이 반감을 가질 만한 이미지 대신 조금 더 긍정적이고 자연스럽게 받아들일 만한 이미지를 멘트에 담아 새롭게 전달했다. 그렇게 하면 고객들도 다시 자연스럽게 대화를 이어갔다.

"아, 그런데 왜요?"

"다름이 아니라 대부업이나 고금리 피해 설문 조사 때문에 전화드렸습니다. 잠시 통화 괜찮으시죠?"

"말씀하세요."

"지금 대부업과 카드론 때문에 고금리나 신용 하락 피해가 굉장히 많은데 고객님께서는 피해가 없으셨나요? 혹시 고금리 대출을 사용하고 계신 것이 있나요?"

대화가 이어지면 곧바로 상품을 설명하는 것이 아니라 '설문 조사'라고 멘트를 바꾸었다. 일방적인 이야기 대신 고객에게 먼저 질문했다. 이렇게 멘트의 방향을 바꾸었더니 오히려 고객들이 자신의 상황에 대해서 순순히 이야기해주기 시작했다. 나역시 쫓기듯이 조급한 마음으로 설명할 필요가 없으니 긴장하지 않고 말투에도 여유가 묻어났다. 정말 설문 조사를 하는 것이라고 생각하자 실적에 대한 부담도 없어졌다.

나는 고객과 통화하며 회사의 상품에 대해서 단 한 번도 말하지 않았다. 그저 고객에게 계속 질문하며 그들의 이야기를 들어주었다. 그러다가 고객이 고금리 상품을 쓰고 있다고 하면 그때부터 나의 영업이 시작되었다.

"사장님, 비싼 금리를 사용하고 계시네요! 이자는 다 버리는 돈인데, 돈 버리시면 안 되죠. 저금리로 대환할 수 있게 제가 도와드릴까요?"

"어떻게요?"

"저희 센터에 전문가분들과 미팅 잡아드릴게요. 내일 시간 언제 괜찮으세요?"

나는 끝까지 상품에 대해 설명하지 않았다. 그보다는 다시 만날 기회를 만들면서, 순수하게 고객을 도와주는 사람이라는 이미지를 심는 데 주력했다. 그러자 오히려 고객들이 나에게 감사하다고 말했다.

"안녕하세요.
현대캐피탈입니다."

'담보 대출'이라는 익숙한 이미지가 떠오르는 순간,
고객들은 반감이 생긴다.
낯선 사람과의 통화, 부정적인 기업 이미지는
곧 "대출 필요 없으니까 끊어, 이 새끼야."와 같은
육두문자로 이어진다.

"안녕하세요.
현대캐피탈
'금융센터'입니다."

하지만 '금융센터'라는 한 단어만 추가하면 상황이 달라진다.

더 전문적이고 고객의 신뢰도까지 높아진다.

이때 고객의 고금리 피해 사례를 도와주겠다는

멘트까지 덧붙이면 게임 끝. 고객은 영업자를 더 이상

귀찮고 낯선 이가 아닌 '자신을 도와주는 사람'이라고 믿는다.

예전에는 첫인사를 하면 회사 소개와 상품을 설명하기에 급급했다. 고객들의 반응은 당연히 냉담하고 싸늘했다. 하지만 멘트의 흐름을 바꾸자 고객들이 순순히 자신의 이야기를 해주 었고 나에게 도움을 청하였다. 그런 방식으로 고객과 약속 시간 을 잡고 나면 다음 날 나는 현대캐피탈 금융센터의 전문가로 그 들과 미팅했고, 그렇게 하나둘 계약을 체결했다.

처음 텔레마케팅을 시작하고 한 달 동안 내가 거둔 실적은 무려 지점 2등이었다. 텔레마케팅을 하기 전달에는 실적이 아 예 없었던 꼴찌 영업사원이었는데, 짧은 시간 동안 엄청난 결과 를 거머쥐었다. 실적 상위 1%를 의미하는, '슈퍼LP' 타이틀을 지닌 1등 선배와도 정말 아슬아슬한 차이였다. 나는 남들도 다 할 수 있는 텔레마케팅으로 영업했다. 그러나 실적은 2~3배가 아니라 수십 배가 올랐다. 단순히 멘트만 다른 방향으로 바꿨을 뿐인데 말이다.

"축하한다, 규호야. 진짜 개고생하더니 결국 해내는구나. 너는 될 놈이다 싶었다. 앞으로 무조건 텔레마케팅만 해라. 진 짜 대단하다."

아직도 그달에 했던 마감 회식이 잊히질 않는다. 내가 영 업을 하며 처음 거둔 실적, 회사의 인정, 동료들의 아낌없는 축 하…. 그 뜨거운 성취감을 '멘트'가 느끼게 해줬다. 단 한 마디라도 제대로 된 멘트가 얼마나 중요하고 필요한지, 앞으로 어떻게 영업해야 하는지 방향성을 제시해줬기 때문이다.

나는 0과 1에 대해 많이 이야기한다. 어떤 숫자에 '0'을 곱하면 아무리 숫자가 커도 그 결과는 '0'이지만, '1'이 되는 순간 곱하는 숫자에 따라 어떤 결과도 만들어낼 수 있다. 내가 바꾼 것은 고객을 상대하는 멘트, 딱 이 한 가지였다. 이 한 가지만 바꿨을 뿐인데 놀라운 성과를 이뤄낼 수 있었다.

유튜브에서 화제가 된 'GS칼텍스 마음이음 연결음'이라는 이름의 동영상도 '멘트'가 마케팅에 얼마나 큰 영향을 주는지 잘 보여준다. 2분 50초 분량의 이 동영상은 실제 텔레마케팅을 할 때 고객 상담사들이 겪는 감정 노동을 주제로 한 것인데, 상담에 앞서 특정한 '통화 연결음'을 삽입했을 때 고객의 반응이 어떻게 변하는지 보여준다.

"제가 세상에서 가장 좋아하는 우리 엄마가 상담해 드릴 예정입니다. 잠시만 기다려주세요."

"착하고 성실한 우리 딸이 상담 드릴 예정입니다."

"사랑하는 우리 아내가 상담 드릴 예정입니다."

변화는 그야말로 놀라웠다. 전화기 너머로 들려오던 비하와 욕설은 극적으로 줄어들었고, 고객의 반응도 눈에 띄게 좋아졌다. 단지 '마음이음 연결음' 하나만 삽입했을 뿐인데 상담원의 스트레스는 54.2퍼센트 감소, 고객의 친절한 반응은 8.3퍼센트 증가, 상담원이 존중받는 느낌은 25퍼센트 증가, 고객의 친절에 대한 기대감이 25퍼센트가 증가하는 등 모든 면에서 긍정적인 변화를 불러왔다. 비록 이 공익광고 형식의 동영상은 '감정 노동'에 방점이 찍힌 것이지만, 나는 오히려 이 동영상이 '멘트'의 중요성을 더 일깨워주었다고 생각한다.

'멘트'의 힘이란 바로 이런 것이다. 말 한마디로 사람의 마음을 움직이는 것. 영업자들은 흔히 이런 착각을 한다. '에이, 멘트야 지금까지 쭉 해오던 건데, 그게 무슨 문제가 있겠어? 더 새롭고 대단한 마케팅이 필요한 거지.'

착각하지 마라. 바로 그 사소한 부분에서 결정적 실수를 하는 법이다. 아무리 새롭고 대단한 마케팅 방법이라도 고객이 있어야 그 가치가 발휘된다. 고객을 만나야 마케팅을 시작할 수도 끝낼 수도 있다는 뜻이다. 고객과의 시작을 여는 것도 '멘트'고, 고객의 마음을 움직여 마케팅을 성공적인 성과로 이끄는 클로징 역시 당신의 '멘트'에 달려 있다.

전 세계에서 100만 명이 넘는 세일즈맨을 교육시킨 세계적인 세일즈 컨설턴트 브라이언 트레이시Brian Tracy 역시 세일즈로 성과를 내려면 '클로징 멘트'를 제대로 하라고 했다. 고객에게 단순히 상품 설명만 하고 말 것인지, 제대로 계약을 성사시킬 것인지는 거창한 마케팅 방법론에 달려 있는 것이 아니라 바로 '멘트'가 결정한다는 것이다.

무심코 고객에게 내뱉었던 멘트 하나만 제대로 바꾸어도 당신의 매출이 달라진다. 그 매출 곡선이 얼마나 가파르게 올라갈지, 몇 배로 성장할지는 아무도 모른다. 그래도 당신은 스스로 무슨 멘트를 하고 있는지 돌아보지 않을 것인가?

영업대장 안규호의 '이것만은 기억하라'

☑ 고객과의 첫마디를 고민하라. 긍정적인 한 단어만 추가해도 고객과의 대화가 달라지고 성과가 달라진다.

제 발로 '을'이 되는 길을 선택하지 마라

　셔츠를 입을 때 첫 단추를 잘못 끼우면 마지막 단추까지 모두 채웠을 때 옷은 엉망이 된다. 출근 시간이 아무리 촉박해도 제대로 셔츠를 입으려면 모든 단추를 풀고 다시 채워야 한다. 첫 단추를 풀지 않고서는 다른 방법이 없다. 영업도 마찬가지다. 제대로 된 결과물을 얻고 싶다면 첫 단추부터 잘 끼워야 한다. 그 첫 단추가 바로 제대로 된 멘트다.

　하지만 안타깝게도 많은 영업자들이 영업할 때 바로 이 첫 단추를 잘못 끼우고 시작한다. 하나를 잘못 끼우니 단추가 줄줄이 밀려서 계속 잘못 채운다. 첫마디를 제대로 떼지 못해 대화가 꼬이고 원하는 답을 끌어내지 못한다. 이렇게 되면 힘은 힘대로 들고 원하는 결과물도 얻지 못한다.

"뭐든지 입장을 바꿔서 생각하면 답이 나온다." 그렇다, 역지사지. 사고자 하는 사람의 입장이 되어보면 의외로 문제는 쉽게 풀린다. 내게 이 말은 지고지순의 인생 명언이자 영업 철칙이다. 사람들은 무언가를 팔고자 할 때 습관적으로 해왔던 방식을 고수한다. 선배로부터 전승되는 방식, 해왔던 방식 등등. 관점을 달리해 고객의 입장에 서겠다는 생각은 막상 급한 상황에 몰리면 말짱 도루묵이 되기 일쑤다. 그래서 필요한 것이 연습이고, 이 연습이 몸에 배어 현장에서 바로 써먹을 수 있어야 한다.

아무튼, 당신이 고객이라면 어떻겠나? 싸면 좋을 것이고, 편하면 더 좋을 것이며, 품질까지 좋으면 금상첨화다. 또 기업 구매 담당자 입장에서는 회사가, 아니 정확히는 상사가 만족해한다면 장땡이다. 즉 나의 이익에 가장 부합하는 영업자를 찾을 수밖에 없다.

훌륭한 성품, 착한 마인드 당연히 중요하다. 그러나 장기적인 측면이지 단기적으로는 변수가 아니다. 영업자가 착각해서는 안 될 것이 있다. 고객은 절대 손해보고 싶어 하지 않는 존재라는 것이다. 고객에게 좋은 영업자란, 착한 사람이 아니라 다른 영업자보다 얼마나 더 많은 혜택을 가져다줄 수 있는 사람인가, 바로 '능력 있는 사람'이다.

"보험 하나만 들어요." "카드 한 장 하세요." "정수기 하나 바꾸세요." 고객 입장에서는 듣기만 해도 피로한 말이다. 다급한 표정과 말투로 뭔가를 팔려고만 하거나 순진하고 착한 영업자보다 제품이나 서비스에 대한 전문적 소양이 풍부하고 프로페셔널한 포스를 풀풀 풍기며 당당하게 행동하는 영업자를 신뢰한다. '사람들이 이 사람이랑 계약하는 이유가 있지 않겠어?'라고 믿게 만드는 영업자가 고객에게 더 인기 있는 것은 당연한 일이다.

냉정하게 생각해보자. 우리는 모두 자신에게 도움이 되는 사람과 친해지고 싶어 한다. 하다못해 관포지교, 지란지교라는 친구들마저도 서로에게 배울 것이 없다면 오래가지 못하는 법이다. 현실이 그렇다는 말이다. 그런데 이해관계가 가장 중요한 고객이라면 어떻겠나.

사람들은 똑같은 멘트를 하더라도 자신보다 높은 위치에 있는 전문가의 말이라면 항상 더 깊이 신뢰한다. 인정하고 싶지 않지만 세상 이치는 대략 이 원리에 따라 움직인다. 최소한 자신보다는 많이 아니까 틀리거나 잘못될 일이 없다고 생각해서다. 영업자의 멘트도 그래야 한다. 영업자는 언제나 고객과 동등한 위치해 있거나 고객보다 높은 위치에 서서 고객에게 강한 영향력을 행사할 수 있어야 한다.

좀 더 쉽게 예를 들어보자. 만약 당신이 자녀교육 문제로 고민하고 있다. 그럴 때 이미 당신보다 10년 먼저 결혼해 아이를 낳아 키우고 있는 친구와 아직 미혼인 친구 한 명이 같이 있다면 누구에게 고민을 토로하겠는가?

선택의 여지없이 먼저 아이를 낳아 키우고 있는 친구에게 말하지 않겠나. 사람이라면 누구나 같다. 비즈니스 문제라면 관련 기업에서 종사하고 있는 친구일 것이며, 연애 상담이라면 연애를 많이 해본 친구와 이야기를 나누는 것이 효과적이다. 너무나 당연한 말이 아닌가!

"피할 수 없으면 즐겨라!"

오랜 삶의 경험에서 깊은 지혜를 얻은 철학자가 한 말은 인생의 명언이 될 수 있지만 제 앞가림도 똑바로 못해 허덕이고 있는 친구 녀석이 말한다면 말 같잖은 소리로 치부해버릴 수밖에 없다.

예전 나의 직원 중에 매우 씩씩하고 호탕한 H라는 친구가 있었다. 그는 평소에도 호감형 외모에 풍부한 말발로 사람들에게 멋진 인상을 심어주는 친구였다. 그런데 그 친구에게는 유독 큰 단점이 있었다. 바로 고객 앞에만 서면 쭈뼛거리며 한없이 작아지는 것이었다. 항상 준비해간 스크립트의 50퍼센트도 제대로 소화하지 못하고 상담을 끝냈다. 나는 하도 답답한 마음에 그에게 물었다.

철학자 曰:
"피할 수 없으면 즐기세요."

나: '아 역시…. 뭐가 달라도 달라!'

백수친구 曰:
"피할 수 없으면 즐겨!"

나: '야… 너나 잘해. 확 그냥…'

"평소에는 말도 잘하는 애가 왜 현장만 가면 그렇게 쫄아?"

"그야 고객이 갑이잖아요."

"왜 고객이 갑인데?"

"선택권이 고객에게 있으니까요."

그렇다. 맞는 말이다. 모든 선택권은 고객에게 있다. 그러나 그건 하나는 알고 둘은 모르는 헛소리다. 하수들은 고객에게 선택권이 있으니 그들이 갑이라고 믿는다. 그러나 절대 아니다. 진짜 고수들은 언제나 본인이 갑처럼 행동하며 고객을 리드한다. 그런 의미에서 영업자는 선택당하는 '을'이 아닌 고객이 당신을 선택할 수밖에 없도록 만드는 '갑'이 되어야 한다.

내가 영업에 본격적으로 뛰어들면서 본보기로 삼고 따라 했던 것이 바로 의사들이었다. 사실 그 사람들도 고학력 전문가라는 타이틀을 걷어내고 나면 결국은 의료 서비스를 제공하는 자영업자일 뿐이다. 그리고 그들도 고객의 선택을 받기 위해 매년 엄청난 마케팅 비용을 지불한다.

자, 그런데 환자들이 어떻게 행동하는가? 앞서 말한 논리대로라면 비용을 부담하는 환자가 '갑'이다. 하지만 일반적으로 환자들이 의사 앞에서 흔히 말하는 갑질하는 경우를 본 적이 있는가? 별로 없을 것이다. 오히려 완벽한 '을'이 된다. 흡사 착한 학생이 되어 의사의 한마디 한마디를 놓칠세라 경청하고 또 경청한다. 게다가 비싼 돈을 치르면서도 불만이 없다. 왜일까? 의사 스스로 전문가라는 타이틀을 내세워 자신들의 위치를 갑으로 만들어놓았기 때문이다.

대한민국의 어떤 의사도 자신을 찾아온 환자에게 "오늘 저한테 치료받으실 건가요?"라고 물어보고 치료하지 않는다. 당연히 치료한다고 생각하고 모든 상황을 자연스럽게 이끈다.

"어떻게 오셨죠? 어디가 아프시죠? 검사실에 가서 지시에 따라 검사하고 오세요. 주사 한 대 처방해드릴 테니 맞고 가세요. 약은 우선 3일분만 처방해드렸으니 받아가세요."

당연한 듯이 반복적으로 고객에게 지시하고 리드한다. 철저하게 갑이 되어버린다. 이런 상황에서 대부분의 환자들은 "여기 진료비 얼마예요? 비싸니까 다른 곳으로 갈래요. 왜 제가 주사를 맞아야 하죠? 제가 먹는 이 약은 비슷한 성분의 다른 약과 어떻게 다른가요?"라고 시시콜콜 따지며 반문하지 않는다. 오히려 순종적인 입장을 고수하고 그들의 처방을 고마워한다. "잘 부탁드립니다. 빨리 낫게 해주세요. 감사합니다."라는 말도 잊지 않고 말이다.

의사의 리드 속에서 환자는 의사를, 자신을 도와주는 전문가라고 믿는다. 그렇기 때문에 그들의 지시를 거부감 없이 자연스럽게 받아들이는 것이다. 영업 고수로 성공하고 싶은가? 당신의 위치부터 바꿔라. 전문가라고 생각하고 프로답게 행동함으로써 스스로 자신의 위치를 높여라.

고객 앞에서 긴장하고 위축된 모습을 보이면 아무리 강력하고 매력적인 멘트를 하더라도 고객의 마음속, 머릿속으로 파고들어갈 수 없다. 고객은 손해보고 싶어 하지 않는 것만 아니라 눈치도 빠르기 때문이다. 고객이 '아! 이 사람이 나한테 또 뭔가를 팔려고 하는구나. 오늘은 또 무슨 얘기를 하려고 온 거지. 불편하다.'라고 느끼는 순간, 당신의 영업에는 망조가 짙게 드리워진다. 그렇게 느끼게 만든 당신의 멘트가 바로 잘못 끼워진 첫 단추고, 당신의 영업을 망치고 있는 가장 큰 원인이다.

제아무리 좋은 정보를 주고 도움이 되는 이야기를 하더라도 고객이 일단 방어막을 치면 그 정보들은 고객의 머릿속으로 들어가지 못한다. 하지만 고객이 당신을 도움이 되는 사람이라고 인지한다면 당신의 모든 멘트는 고객의 머릿속에 강하게 남는다. 아무리 좋은 화법도 최고의 멘트도 그에 걸맞은 위용을 갖추지 않는다면 소용이 없다.

다시금 강조컨대 고객이 '갑'이 아니라 영업자가 '갑'이 되어야 한다. 그러나 '영업자'에게 '갑'은 실적이 아니다. 고객의 수도 아니다. 고객이 먼저 찾아오게 만드는 것, 그것이야말로 진짜 '갑'이다. 하지만 그 어떤 누구도 당신을 갑으로 만들어주지 않는다. 당신 스스로 노력해야 한다. 상품이나 서비스 개발자 이상의 전문성을 확보하라.

내가 지금까지 만난 어떤 영업 고수도 을의 입장에서, 고객의 꽁무니를 쫓아다니며 영업하지 않았다. 외양은 물론 멘탈까지 흠잡을 데 없이 모두 당당하고 멋졌다. 자신을 전문가라고 생각했고, 많은 지식을 갖췄으며, 그 지식을 활용해 고객에게 도움을 주었다.

돌아온 것은 고객의 두터운 신뢰였으며, 크나큰 보상이었다. 매월 1,000만 원 이상의 수익을 올리는 억대 연봉자가 되고 싶은가? 그렇다면 고객에게 인정받는 '갑'이 되고자 노력하라. 고객이 신뢰하고 따르는 진짜 전문가가 되라. 당신이 갑이 되는 순간 고객들은 당신의 말 한마디에도 움직이게 될 것이다.

영업대장 안규호의 '이것만은 기억하라'

☑ 영업자의 포지셔닝은 고객이 어떤 영업자를 원할지 생각하는 데서 출발한다. 고객에게 도움이 되는 전문가가 되어라. 실적으로 '갑질'하는 영업자가 아니라 실력으로 '갑'이 되는 영업자가 되어라!

영업은 '말발'로 하는 것이 아니다

"너는 영업하면 진짜 잘하겠다. 영업해라."

사람들이 흔히 말 잘하는 사람들을 보고 이렇게 말한다. 영업을 잘하려면 당연히 말을 잘해야 한다고 생각한다. 실제로 영업하는 사람들 중에 말을 잘하는 사람들이 많은 것도 사실이다. 그러나 정확하게 말하면 이 말은 '뻥'이다. 물론 영업의 속성이 사람을 상대하는 일이다 보니 말을 잘하는 것이 도움이 되는 것은 맞다. 하지만 말을 잘하는 것과 대화를 잘하는 것은 확연히 다른 문제다. 영업을 할 때 정말 필요한 역량은 대화를 잘하는 것이지 말을 잘하는 것이 절대 아니다. 일방적으로 내뱉는 말이 상대의 마음을 움직일 리 없기 때문이다.

사람과 대화를 하거나 누군가를 설득해야 할 때 말보다는 경청이 중요하다는 것을 모르는 사람은 없다. 하지만 대부분의 초보 영업자들이 이 부분에서 실수한다. 특히 가장 큰 문제가 바로 자기가 준비한 말만 하고 자기 할 일은 다 했다는 식으로 마무리하는 것이다. 그들은 이상하게도 현장에서 고객만 만나게 되면 호흡이 가빠지고 말은 빨라지며, 쉴 새 없이 자기 말만 내뱉곤 한다. 자신이 팔고 있는 제품의 장점만 잔뜩 늘어놓으며 고객을 어떤 식으로든 설득하려고 안간힘을 쓴다. 얼마나 팔고 싶어 하는지 안타까운 열정만 느껴질 뿐이다. 그런 영업자에게 프로의 포스나 여유가 느껴질 리 없다.

한번은 김치냉장고 기능까지 겸한 냉장고를 한 대 구입하려고 가족들과 대형마트를 방문한 적이 있었다. 가전제품 코너에 들어서자 언제나 그렇듯이 직원들이 친절하게 인사를 하며 다가왔다. 무엇을 보러 왔냐고 묻자 냉장고가 필요하다고 대답했고, 잠시 후 담당자가 다가와 우리를 안내하기 시작했다.

"특별히 찾으시는 제품 있나요?"

"아니요. 일단 조금 둘러보려고요."

그때부터였다. 담당자의 폭풍 같은 설명이 쏟아지기 시작한 것이. 우리를 졸졸 따라다니면서 내가 둘러보는 제품마다 그 성능에 대해 상세하게 설명해주었다. 어찌나 제품에 대해서 아는 것이 많은지 이 제품은 이래서 좋고 저 제품은 저래서 좋고, 이건 행사하는 제품인데 두 번 다시 이런 할인은 없을 거라며 망설이면 품절되니 얼른 사라고 부추겼다.

'아! 슬슬 이 친절과 폭풍 설명이 부담스러운데⋯. 맘 편히 뭘 볼 수가 없네.' 이런 영업 방식은 고객에게 피로감만을 안긴다. 담당자의 열정과 노력은 알겠으나 오히려 그것이 나를 힘들게 했다. 가족들과 마트에서 한참을 둘러보았지만 썩 구매하고 싶은 마음이 들지 않았고, 결국 온라인에서 냉장고를 구입하게 되었다. 냉장고 판매사원의 입장에서는 이해가 되지 않았을 것이다. '내가 당신을 위해 이렇게까지 열심히, 친절하게, 상세하게 설명했는데, 도대체 왜? 뭐가 문제지?'

이렇게 생각하는 영업자들에게 나야말로 묻고 싶다. 도대체 왜, 고객에게 질문하지 않는가? 영업자는 고객에게 질문으로 시작해서 질문으로 끝내야 한다. 고객이 원하는 가격대, 기능, 디자인 등에 관한 간단한 질문을 하고, 그에 해당하는 제품의 안내 여부를 고객에게 묻는 것이 오히려 좋은 영업일 수 있다. 그럼에도 초보 영업자들은 고객에게 제대로 질문하지 않는다. 지금이 아니면 절대 팔 수 없을 것처럼, 마치 먹이를 발견한 맹수처럼 맹렬한 기세로 돌진한다.

내가 냉장고를 사러 왔는데 도대체 담당자는 왜 나에게 냉장고를 사러 왔는지 묻지 않을까? 가장 중요한 것을 질문하지 않으니 당연히 그에 맞는 답을 찾아줄 수가 없다. 냉장고라는 제품을 팔고 싶다면 일단 고객이 왜 냉장고를 구입하려고 하는지 그 이유부터 알아야 답이 나온다. 뭔가 이유가 있으니까 냉장고를 사려고 그곳을 방문했을 것이 아닌가.

집에 냉장고가 없어서 구입하려는 것인지, 지금 쓰고 있던 냉장고가 고장이 나서 그런 것인지 아니면 나처럼 김치 냉장고 기능이 추가된 제품을 원하는 것인지, 집에 식자재가 많아 한 대를 더 구입하려고 하는 것인지 정확하게 고객의 니즈를 파악해야 그에 맞는 제품도 추천해줄 수 있다. 가격대도, 디자인도 성능도 모두 그다음이다.

고객의 마음을 제대로 묻지 않으면 당연히 그들이 무엇을 원하는지 알 수 없다. 일방적으로 제품 설명만 하면 영업자 스스로 뻘쭘해지고 고객의 마음까지 불편한 상황이 연출된다. 어쩌면 나에게 냉장고를 팔지 못한 그 담당자는 내가 그곳을 빠져나간 뒤 이렇게 생각했을지도 모른다. '저 고객은 원래 살 마음이 없었을 거야. 그냥 구경하러 온 손님이야.'

물론 그럴 가능성도 있다. 하지만 그렇지 않을 가능성도 있다. 나만 하더라도 냉장고가 필요했고 그것을 사기 위해 방문하지 않았나. 하지만 그 담당자가 나의 마음에 드는 제품을 찾아주지 못했기 때문에 특별히 그곳에서 사야 할 이유가 없었다.

'아! 슬슬 담당자의
친절과 폭풍 설명이
부담스럽다.'

이게 진짜 고객의 속마음이다.

아무리 열심히 친절하고 상세하게 설명해도.

고객이 원하는 답이 아니면 영업자의 말은

소음이나 스트레스에 불과하다.

그 담당자 입장에서는 고객 한 명을 잃은 셈이다.

안타깝게도 내가 지금까지 뭔가를 사려고 만나본 대부분의 영업자들이 다 비슷했다. 아파트를 분양받기 위해 상담사를 만났을 때도 보험에 가입하기 위해 설계사를 만났을 때에도 자동차를 사기 위해 영업사원을 만났을 때도 모두 비슷했다. 왜 찾아왔는지, 무엇이 문제여서 왔는지, 왜 사려고 하는지 아무도 내게 제대로 물어보지 않았다. 하나같이 지금 자신이 팔고 있는 상품이 얼마나 좋은 것인지, 내가 얼마나 이득을 보는 것인지만 열심히 설명했다. 정작 가장 중요한 고객의 이야기는 묻지도 듣지도 않으면서 말이다.

우리는 모두 알고 있다. 고객의 말에 귀를 기울여야 한다는 것을 말이다. 하지만 고객의 말은 고객의 입을 열어야 들을 수 있고, 고객의 입은 고객의 마음을 열어야 들을 수 있다. 마음을 열지 못하니 고객의 입은 꾹 다문 채로 열릴 기미가 보이지 않고 끝내 그 말에 귀를 기울일 수 없는 것 아니겠나.

고객의 마음을 열고 싶은가? 고객의 입에서 나오는 말에 귀를 기울이고 싶은가? 그럼 고객이 먼저 말하게 하라. 고객 스스로 자신의 욕망을 드러내게 하라. 그리고 고객이 내뱉은 말 속에서 답을 찾아라. 고객의 말을 끌어내지 못하는 것은 영업자들의 가장 큰 실수이자 문제다. 진짜 능력 있는 영업자는 일방적인 자신의 말로 고객을 설득하는 것이 아니라 대화를 통해 고객 스스로 답을 말하게 한다.

물론 처음부터 낯선 사람에게 능청스럽게 질문하기란 쉽지 않다. 사람들이 오해하는 것 중 하나가 나 역시 말을 잘하는 사람일 거라고 생각하는 것이다. 그러나 나는 낯가림이 심하다. 그래서 상담 시간도 다른 영업자보다 짧다. 하지만 언제나 계약 성공률이 가장 높았다. 어떻게 가능했을까?

"대표님, 창업한 지 얼마나 되셨죠?"

"한 5년 정도 되었죠."

"아! 5년이나 되셨구나. 보통 3년에서 5년 사이가 가장 힘들다고 하는데 대표님께서는 잘 운영하고 계시니 대단하시네요. 그럼 요새 매출은 얼마나 나오세요?"

"한 20억 나오죠."

"20억이요? 오, 매출 정말 좋네요. 매출 20억 하려면 직원들도 꽤 많겠어요. 직원은 총 몇 분이나 있나요?"

"10명 정도 됩니다. 요새 경기도 너무 어려운데 인건비 때문에 죽겠어요. 4대 보험료도 너무 많이 나가고…. 어떻게 인건비 절감할 수 있는 방법 없을까요?"

나는 고객에게 질문하면서 그들의 대답에 열심히 맞장구

치는 데 집중한다. 고객의 답변을 그대로 따라 하면서 그 답변에 꼬리를 물고 다른 질문으로 대화를 이어간다. 이것이 바로 백트래킹backtracking 기법이다. 이 기법을 사용하면 결과적으로 고객이 영업자의 말에 반론할 수 없다. 상대가 자신의 말을 따라 하기 때문에 반론해야겠다는 비판적 사고 자체를 할 수 없게 되는 것이다. 또한 짧은 시간이지만 상대방이 자신에게 깊이 공감하고 있다는 느낌을 받기 때문에 쉽게 신뢰를 쌓을 수 있다. 고객은 자신의 이야기를 하는 것에 익숙해지고 나중에는 영업자가 시시콜콜 묻지 않아도 계속해서 자신의 사정과 문제점에 대해서 이야기한다. 이때 영업자는 의외로 많은 고객들이 이미 마음속으로 원하는 답을 정해놓고 온다는 것을 알게 된다.

고객은 생각보다 하고 싶은 이야기가 많다. 다만 영업자에게 솔직하게 말하지 않는 것뿐이다. 마음의 문을 닫고 있기 때문이다. 생각해보라. 어느 누가 처음 만난 사람에게 자신의 이야기를 꺼내놓는 것이 편하겠는가? 게다가 뻔히 나에게 물건을 팔아먹을 사람한테 말이다. 이때 영업자가 고객이 자연스럽게 자신의 이야기를 하도록 질문하고, 그 질문이 고객이 원하는 답을 찾아나가는 데 필요한 좋은 질문이라면, 얼마든지 원하는 방향으로 유도해 계약할 수 있다. 다만 이 질문화법을 사용할 때 주의해야 할 것이 하나 있다. 혹시 경찰서에 가서 조사를 받아본 적이 있는지 모르겠다.

"이름? 직업? 나이?"

이건 질문이 아니라 취조다. 고객이 취조당하는 느낌을 받으면 이 질문화법은 완전한 실패다. 자연스럽게 대화를 끌고 가야 한다는 점, 이 점만 기억하면 된다.

"세상은 질문하는 자의 것이고 답변만 하다가는 질문하는 사람의 뜻대로 살게 된다." 소설가 김영하의 말이다. 나는 이 말이 영업자에게도 통하는 말이라고 생각한다. 영업자로 성공하고 싶다면 고객에게 질문하라. 좋은 질문이 좋은 답변을 만들고 당신을 상위 1퍼센트의 영업자로 만들어줄 것이다. 때로는 오늘이 마지막인 것처럼 행동하는 것이 반드시 좋은 결과를 내는 건 아니다. 오늘 던진 열린 질문이 내일은 잘 익은 열매로 되돌아올 수 있는 법이니까.

영업대장 안규호의 '이것만은 기억하라'

☑ 끊임없이 질문하라. 고객의 말을 따라 하면서 질문의 꼬리에 꼬리를 물어라. 고객이 스스로 자신이 무엇을 원하는지, 무엇이 문제인지, 어떤 해결책을 원하는지 말하게 유도하라.

명심하라,
직장인이 아니라 프로페셔널인 거다

'힘든 직업, 지인들에게 물건 파는 일, 배운 것 없고 할 것 없는 사람들이 하는 일, 안정적이지 않고 불안한 일, 잠시 돈을 벌기 위해 하는 일.'

당신은 영업직에 대하여 어떻게 생각하고 있는가? 시대가 바뀌어 많은 부분 나아졌다고는 하지만 오늘날에도 여전히 사람들은 영업이 힘든 일이라고 생각한다. 그러나 나는 다르게 생각한다. 영업은 전문직이자 고소득으로 가는 지름길이다.

일반적으로 전문직이라 함은 흔히 '사'자 들어가는 직업처럼 훈련과 교육을 통해 자신의 일의 특수한 능력과 기술을 가진 자율적인 일로서 신분과 전문적 보상이 이루어지는 직업을 말한다. 그런 측면에서 봤을 때 우리 영업인이야말로 그 누구보다 전문 직군의 사람들이다. 자신의 일에 전문 지식을 가지고 그 일의 성과로 수입을 올리고 있으니 말이다.

그럼에도 불구하고 영업의 이미지가 좋지 않은 이유는 무엇일까? 진입 장벽이 낮아 경쟁에 밀려 살아남지 못한 사람들의 넋두리에 익숙해 있기 때문이다. 거슬러 올라가면 영업 조직 즉 회사가 이를 방조하는 탓이 그보다 더 크다. 영업 조직들은 빠른 시일 안에 성과를 거두기를 바란다. 그래서 가장 중요한 교육을 뒤로하고 하나 마나 한 이론만 가르친다. 그러고 나서 밤낮으로 '열정 영업'과 '지인 영업'을 외쳐댄다. 세일즈 현장은 하루가 다르게 급변하고 있지만 유독 영업 조직만은 수십 년째 그 자리 그대로인 것이다. 나 역시 비데 영업과 휴대폰 영업, 보험 영업을 거치며 이 문제를 실감할 수 있었다.

처음 휴대폰 판매사로 입사했을 때 간단한 이론 교육을 마치자 회사에서 내게 가장 먼저 낸 숙제는 어처구니없게도 지인 리스트 50명을 작성하는 것이었다. 그리고 그들에게 전화를 돌려 상담을 하고 판매하라는 것이다.

"팀장님, 지인 영업은 제 방식이 아닌 것 같습니다. 저는 지인 영업 대신에 현장에서 더 많이 판매하겠습니다."

"규호 씨, 지인들에게 영업을 하라는 게 아니에요. 지인 중

분명히 휴대폰을 바꾸고 싶어 하는 사람이 있습니다. 그들에게 더 좋은 조건으로 휴대폰을 판매해 도와주라는 겁니다."

지인 영업은 죽어도 하고 싶지 않았지만 이 방법으로 연습하지 않는다면 현장에서 뛸 수 없다는 반 협박에 결국 지인에게 3대를 판매한 뒤에야 현장에 투입될 수 있었다.

모든 영업 조직은 영업자가 지인들을 돕는 것이라고 말한다. 맞다. 니즈가 있는 지인들에게 당신이 다른 영업 사원들보다 좋은 조건으로 구입할 수 있게 해준다면 분명히 그들을 돕는 것이다.

그런데 몇몇 사람들을 돕기 위해서 너무 많은 사람들에게 아쉬운 소리를 하며 돌아다녀야 한다. 그리고 가장 중요한 것은 정작 지인들은 당신이 자신들을 돕는다는 생각을 전혀 하지 못한다. 자신이 팔아주었다고 생각하고 심하게는 당신의 그런 행동을 민폐라고 여길 뿐이다. 당사자들이 느끼지 못한다면 그것은 돕는 일이 아니다.

입장을 바꿔서 생각해보라. 당신 주변에 영업을 하고 있는 지인 중 그 사람이 날 도와줘서 너무너무 고맙다고 느낀 적이 한 번이라도 있는가? 나는 지인들에게 카드를 해주고 보험을 들어주고 자동차를 구입해주었지만 내가 그 사람들을 도왔다고 생각하지 그 사람들이 나에게 도움을 주었다고는 한 번도 생각해본 적이 없다.

많은 영업자들이 알면서도 속는 것인지, 아니면 정말 회사에 세뇌된 것인지는 모르겠다. 그러나 지인 영업에는 길이 없다. 대부분의 영업자들이 1년도 채 버티지 못하고 퇴사하게 된다. 사돈에 팔촌 모두 모아봐야 100명을 넘기기 어렵다. 퇴사를 부르는 지름길이다. 그럼에도 여전히 회사는 이렇게 외친다.

"열심히 안 하니까 그렇지. 노력이 부족해. 요새 애들은 끈기가 없어!"

소수의 성공 모델을 만들어놓고 그 사람처럼 되지 못한 것을 영업자 본인의 문제라고 치부해버리는 것이다. 영업 조직은 이 악순환을 수십 년째 그대로 이어오고 있다.

이 업종에 종사하고 있는 한 사람으로서 이런 영업 생태계의 문제는 매우 안타깝다. 또 앞으로 이 일을 업으로 삼을 후배들을 위해 점진적으로라도 개선하는 데 일조해야 한다는 책임감을 느낀다. 하지만 영업 조직을 바꾸기 전에 영업자 스스로 바꿔야 할 부분이 있다고 생각한다. 바로 영업자를 직장인이라고 생각하는 그 마음가짐이다.

당신은 직장인이 아니다. 가치를 인정받아야만 살아남는, 매년 실력에 따라 연봉 계약을 하는 프로 선수에 더 가깝다. 그런 점에서 영업자는 철저하게 1인 기업이고 영업은 개인 사업이라고 생각해야 한다. 회사에만 의지하려는 마음을 버려라. 회사가 당신을 교육해주고 노하우도 만들어주고 고객까지 모아줄 거라고 기대하지 마라. 오히려 개인의 영업력이 올라야 회사도 함께 살아남을 수 있다고 생각하는 편이 옳다.

그러려면 더 공부해서 자신만의 영업 방법을 찾고 소화해야 한다. 영업으로 성공하고 싶은가? 철저하게 독립하라.

영업대장 안규호의 '이것만은 기억하라'

☑ 스스로 찾아서 공부하고 성장하라. 영업은 개인 사업이고 영업자는 1인 기업이다. 절실하게 공부하고 뛰는 만큼 영업의 질이 바뀐다. 당신의 소득이 달라진다.

Part 2

'갑'이 되는
멘트는 따로 있다

고객에게 휘둘리지 마라. 언제나 자신감을 가지고 당당하게 말하라. 당신이 아니면 누구와 계약하더라도 손해 보는 것이라는 강한 확신을 남겨라. 그 순간 고객은 당신을 따를 수밖에 없다. 아직도 고객을 떠받들겠다는 '을'의 마음가짐으로 말하고 행동하는가? 그런 멘트와 영업은 틀렸다. 고객이 먼저 따르게 하는 '갑'의 영업을 하라.

'멘트의 왕'은 뒷담에 강하다

세상에는 대화와 설득을 위한 수많은 화법이 존재한다. 그 중 내가 세일즈를 함에 있어 최고의 스킬로 치는 화법이 바로 밴드왜건 효과bandwagon effect다. 밴드왜건 효과란 많은 사람들에게 인기 있는 것, 다수가 지지하는 것에 따라 마음이 움직이는 현상으로 '편승효과' 또는 '군중심리'와도 같다.

한 가지 대표적인 예를 들자면, 2014년에 등장했던 과자 '허니버터칩' 현상이 바로 그것이다. 입소문이 났다는 이유만으로 사람들은 먹어보지도 못했고 특별히 사야 할 이유도 없는 1,500원짜리 과자 한 봉지를 사기 위해 수없이 많은 마트와 편의점을 돌아다녔다. 심지어 '중고나라'에서는 1,500원짜리 과자 한 봉지가 1만 원에 팔리는 기현상까지 벌어지게 되었다. 하지만 나는 이런 밴드왜건 효과를 세일즈 스킬 중 최고라고 여긴다. 특히 타인의 입을 빌려서 강점을 에둘러 말하거나 타인의 이야기를 예시로 들어 영업자의 이야기에 더 몰입하게 만드는 스토리텔링은 영업할 때 아주 효과적이다.

모든 사람들은 남의 이야기에 관심을 갖고 재밌어 한다. 회사 상사 뒷담만큼 재밌는 건 없고, 돈 한 푼 안 나오는 연예인의 불륜처럼 강한 흡인력을 주는 이야깃거리도 없다. 남의 이야기는 듣는 사람들의 궁금증을 자아낸다. 또한 흥미를 가지게 하고 감정이 이입되며 강한 공감대를 형성한다. 영업자가 직접 상품을 설명하면 반감을 가지면서도 다른 사람의 이야기에 빗대어 말하면 고객은 어떠한 방어도 하지 않는다. 듣는 그대로 머릿속에 인식된다.

오랜 시간 알고 지낸 카센터 사장님이 계신다. 그 지역에서 가장 많은 돈을 번 사장님이다. 그런 그에게는 작은 습관이 하나 있다.

"안녕하세요, ○○ 카센터입니다. 실례지만 사장님, 어느 분 소개로 오신 건가요?"

"소개요? 아닌데요."

"아, 그러셨군요. 아니 제가 여기서 카센터를 10년 넘게 했는데 경력이 오래됐고 저렴하게 잘 고친다고 소문이 나다 보니 찾아오시는 대부분의 고객들이 소개 고객이어서요. 그렇게 오신 분들에게는 서비스 하나라도 더 챙겨드리고 워셔액 하나라도 더 넣어드려야 해서 한번 여쭤봤습니다."

"그럼 저는 소개로 온 것이 아니라 서비스가 없는 건가요?"

"이미 말을 다 했는데 어떻게 그럴 수 있겠어요. 제가 더 많이 챙겨 드릴 테니 걱정 마세요. 무엇이 문제여서 오신 거죠?"

단 한 번의 인사만 했을 뿐이다. 그런데 사장님은 짧은 인사말 몇 마디로 자신이 전달하고 싶은 핵심 메시지를 고객에게 모두 전달하는 것은 물론, 신뢰감까지 주었다. '입소문'과 '소개 고객'이란 표현을 통해서 말이다. '나는 경력이 오래됐다. 차를 저렴하게 잘 고쳐서 소문이 났다. 대부분의 고객이 지인 소개로 오는, 검증받은 서비스센터다. 여기에 서비스도 챙겨줄 만큼 친절하다.

이 메시지를 정확하게 전달받은 고객이라면 굳이 다른 곳으로 가서 차를 고칠 생각을 하지 않는다. 대부분의 자동차 오너는 다들 공감하겠지만 고객들이 갖는 대부분의 경계심은 '수리비 과다 청구'에서 비롯된다. '이곳은 정직한 곳인가?' '다른 곳보다 비싸게 부르지는 않을까?' '조금 더 쓸 수 있는 부품을 교체하라고 하지 않을까?' 그래서 한 번 신뢰가 생기면 다른 카센터로 쉽게 바꾸지 않는다. 그렇기에 카센터는 첫인상 영업이 매우 중요한 부류에 속한다. 만약 사장님이 단순히 이렇게 말했다고 해보자.

"제가 차를 엄청 잘 고칩니다. 싸게 해줄 테니까 믿고 해보세요, 서비스 많이 줄게요."

영혼이 1그램도 담겨 있지 않다. 이렇게 말했다면 고객은 이 사장님의 말을 신뢰하지 않을 것이고 사기꾼 같다고 느낄 것이다. 진짜 영업 고수가 되고 싶다면 내가 하고 싶은 이야기를 고객에게 직접 하지 마라. 남이 말하듯 돌려서 말하라.

당신이 지금 화장품을 판매하고 있다고 치자. 그중에는 아토피에 아주 좋은 화장품이 있다. 그런데 어느 날 고객이 당신에게 피부에 아토피가 생겨 고민이라고 말한다. 그렇다면 당신은 어떻게 이야기할 것인가? 하수들은 아마 이렇게 멘트를 던질 것이다.

"이거 써봐. 천연 재료에다가 이것저것 좋은 게 많이 들어 있어. 저자극이라 피부에 무리도 안 주고 아토피에 아주 좋아. 눈 딱 감고 이거 써봐. 내가 싸게 해줄게."

하수의 멘트 :
"싸게 잘해드릴 테니까
그냥 여기서 하세요."

고수의 멘트 :
"싸고 잘해준다고 입소문이 나서
소개 고객이 많네요."

당신이라면 누구에게 맡기겠는가?

나라면 안 산다. '아, 나한테 또 뭔가를 팔아먹으려고 하는 구나.' 이미 마음속에 장벽을 만들고 이야기를 듣게 되기 때문이다. 이때 거부감 없이 자연스럽게 고객의 마음속으로 파고들 수 있는 것이 바로 밴드왜건 효과다.

"아이고 저런, 어쩌다가 아토피가 생겼어? 아토피는 진짜 조심해야 하는데. 고치기도 어려운 병이라 음식도 잘 가려서 먹어야 하고…. 내가 아는 분도 아토피 때문에 한 몇 년 고생하다가 이번에 치료법 바꿔서 겨우 완치됐잖아."
"뭔데, 어떻게 아토피를 완치시켰어?"

대화는 이렇게 풀어가야 한다. 고객이 먼저 스스로 장벽을 허물고 궁금하게 만들어야 한다. 당신은 고객에게 아무것도 권하지 않았는데 고객 스스로 궁금증이 생겼고 어떻게 치료했는지를 물어보았다. 도대체 어떻게 해야 고칠 수 있냐고 말이다.
그때 화장품 이야기를 자연스럽게 꺼내는 것이다. 남의 이야기를 잘 활용하면 당신은 어떤 것도 손쉽게 고객에게 판매할 수 있다. 당신이 하고 싶은 이야기, 전달하고자 하는 메시지를 고객에게 직접 말하지 마라. 남의 이야기 속에 당신이 전달하고자 하는 메시지를 자연스럽게 녹여서 말해라.
'자기 입'으로 말하는 것보다 '다른 이'가 말하듯 에둘러 표현하며 메시지를 더욱 매력적으로 만들 줄 아는 것. 이것이 진짜 프로페셔널 영업자의 대화법이다.

영업대장 안규호의 '이것만은 기억하라'

☑ 셀프 자랑 대신 다른 이의 입을 빌려 자랑하라.
☑ 고객이 먼저 궁금해 묻고 싶어지도록 유도하라.

고객의 '거절'을 거절하라

당신은 휴대폰을 바꾸면서 신용카드를 발급받은 적이 있는가? 아마도 없을 것이다. 보통은 휴대폰을 바꾸러 와서 신용카드까지 발급받지는 않으니 말이다.

예전에 휴대폰 판매사로 근무했을 당시, 나의 실적은 우리 회사 전 직원을 통틀어 1등이었다. 휴대폰 판매량뿐 아니라 신용카드 발급률과 인터넷 가입률 역시 회사에서 압도적이었다. 그때의 마감 실적표를 보면 신용카드 발급률이 60퍼센트에 이르렀다. 상위 레벨에 있는 판매사들보다 30퍼센트 이상 높았다.

어떻게 가능했을까? 방법은 간단했다. 고객이 신용카드까지 발급받았을 때 얻게 될 추가 혜택에 대해서 아주 간단하고 이해하기 쉽게 설명했다.

"사장님, 신용카드 쓰시죠?"

"네, 쓰죠. 왜요?"

"카드 쓰면서 혜택 많이 받으세요? 포인트니 혜택이니 그런 거 모르고 버리는 게 더 많잖아요. 아깝지 않으세요? 이제 버리지 말고 그 혜택을 휴대폰으로 다 몰아버리는 거 어떠세요? 기존에 신용카드 쓰던 대로 쓰시면 되고 한 달에 1만 원 이상 더 저렴해져요. 어차피 버리는 포인트, 휴대폰에라도 사용하는 게 좋잖아요. 저희 부모님도 이렇게 해드리니까 좋아하시더라고요."

어차피 살 휴대폰인데, 이왕이면 더 싸게 사는 게 좋지 않겠나. 방법은 먹혔고, 많은 고객들이 휴대폰을 바꾸며 카드까지 발급받았다. 덤으로 인터넷도 깔고 말이다.

내가 휴대폰을 판매할 당시에 영업 수첩 맨 앞장에 써놓았던 말이 있다. '앉으면 사는 거다.' 모든 고객들이 휴대폰 매장에 들어오면 일단 판매대에 전시되어 있는 휴대폰을 둘러보며 서성인다. 그리고 묻는다.

"노트 있어요? 요즘 제일 싼 게 뭐예요?"

"네, 제가 설명해드릴게요. 일단 앉아서 한번 보세요."

"아니에요. 그냥 볼게요."

"제가 다리 아파서 그래요. 일단 앉으세요."

나는 어떤 고객이든 일단 무조건 앉혔다. 그리고 내 앞에 앉는 순간 당연하다는 듯이 고객들은 휴대폰을 샀다. 고객을 상대할 때 나는 그들이 당연히 휴대폰을 산다는 전제하에 상담한다. 그러니 휴대폰을 어떻게 사게 할지를 고민하는 게 아니라 어떻게 해야 고객이 더 많은 혜택을 받으면서 나도 부가적인 수입을 올릴 수 있는지 궁리하고 설명하는 것이다.

"이 카드를 발급받으면 몇 만 원 이상 휴대폰을 더 저렴하게 구입할 수 있어요. 인터넷까지 함께 바꾸면 매달 얼마 이상이 절약되고요."

이럴 때 고객은 '휴대폰을 살까? 말까?'를 고민하지 않는다. '어차피 쓰는 카드, 새로 교체해서 더 싸게 살까?' '더 많이 지원해준다는데 이참에 인터넷까지 바꿔?'라고 생각한다. 이미 휴대폰을 산다고 가정하고 더 싸게 살 수 있는 방법에 대해서 고민하게 된다. 한 발짝 더 나아간 고객의 생각은 다시 처음으로 돌아올 수 없다. 휴대폰을 더 싸게 사는 방법에 대해서 고민하던 사람이 다시 '휴대폰을 바꿀까? 말까?'를 고민하던 시점으로 돌아오지 못한다는 것이다. 이러면 카드를 발급받지 않더라도 휴대폰은 반드시 구입하게 되어 있다.

어떻게 앉히지? 어떻게 사게 하지? 고민하는 게 아니다.

일단 고객이 앉으면 무조건 산다고 생각하고 시작하는 것이다.

왜 사야 하는지 설명하지 마라.

사고 나면 얼마나 더 이익인지,

고객이 살 수밖에 없는 이유를 간단하게 말하라.

자신 있게, 당당하게 말하는 것이 성공의 반이다.

그 순간 내 앞에 앉아 있던 고객의 지갑이 열린다.

고객이
내 앞에 앉는 순간,
사는 거다!

나는 이것을 더블바인드Double-Bind 기법, 즉 프레임의 이동이라고 말한다. 고객의 생각을 이동시키는 것이다. 자동차 시승 이벤트도 모두 이런 원리다. 계약 의무가 없지만 자동차 구입 의지가 있는 고객을 대상으로 하기에는 유용한 방법이다. 왜냐하면 구입 의지가 전혀 없는 사람은 특별한 이유 없이 시승하지 않기 때문이다. 그리고 이런저런 자동차를 시승하더라도 보통 첫 번째 시승한 차가 만족스러우면 계약하게 마련이다. 그런데 이렇게 쉬운 방법을 왜 다른 판매사들은 하지 못했을까? 이유는 바로 상품에 대한 자신감이 없어서다.

내가 판매사들을 교육할 때, 임원 한 분이 이렇게 물었다.

"카드까지 이야기하면 고객이 너무 부담스럽지 않을까요? 그러다가 휴대폰도 안 사고 가버리면 어떡해요?"

이 스킬의 핵심은 당연히 판매할 수 있다는 자신감이다. 당신의 영업이 당연하고 자연스러운 것이라고 믿게끔 고객의 생각을 이동시키는 것이다. 내가 이 스킬을 아주 자연스럽게 응용한 가게를 경험한 적이 있다.

단골로 다니는 소고기 전문점에서 있었던 일이다. 1인당 5만 원 정도 하는, 고가의 식당이었지만 음식은 물론 분위기도 좋아 사람들과 만날 때 자주 이용하던 곳이었다. 그날은 내 생일이었고, 10명 정도의 지인들이 모여 식사와 함께 술을 즐겼다. 여느 때와 마찬가지로 요리를 다 먹어갈 때쯤 한 직원이 들어와 물었다.

"식사는 냉면, 누룽지, 찌개 이렇게 세 가지가 있는데 어떤 걸로 준비해드릴까요?"

우리는 각자 원하는 음식을 주문해서 먹었고 식사를 마치자 다음 장소로 이동하기 위해 밖으로 나갔다. 계산을 하려는데 꽤 많은 가격이 나온 걸 보고 처음으로 영수증을 들여다보게 되었다. 그런데 이게 웬걸, 마지막에 먹었던 식사가 공짜인 줄 알았는데 모두 값이 청구되어 있었다. 직원에게 이거 잘못 계산된 것 아니냐고 물어보았지만 "아니."라는 단호한 답변만 돌아왔다. 배가 부르지만 공짜라고 생각해 아까워서 시켰던 건데. 억울했지만 한편으로는 크게 놀라며 감탄했다.

'사장님 정말 장사 잘하는구나!'

누군가는 손님을 기만하는 행위라고 생각할 수도 있다. 하지만 그 사실을 뒤늦게 알았더라도 나처럼 이미 그 집에 만족한 사람들은 이렇게 생각할 것이다. '아, 참 장사 잘하는 집'이라고 말이다. 만약 그 직원이 우리에게 이렇게 물었다면 어땠을까?

"식사는 별도로 주문하셔야 하고, 종류는 세 가지입니다. 원하시는 분들을 말씀해주시겠어요?"

아마 아무도 먹지 않았을 것이다. 이 가게는 그런 점에서 더블바인드 기법을 완벽하게 사용했다. 고객들이 식사를 주문하는 것은 당연한 것이고, 그들에게 '무엇을 선택할지' 결정하도록 유도했다. 이렇게 추가된 식사, 주류, 음료를 통해 최소한 매출의 15~20퍼센트 이상을 더 올렸다. 물론 이런 부분이 불만이라면 다시는 그 가게에 가지 않아도 된다. 하지만 여전히 그 집은 예약하지 않으면 갈 수 없을 정도로 손님이 많다.

　당신은 여기에서 무엇을 느꼈는가? 영업자라면 고객이 '차를 살까? 말까?'를 고민하게 하지 말고 '빨간 차를 살까? 파란 차를 살까?'를 고민하게 하라. 고객이 어떤 것을 선택하든 당신의 판매는 이루어질 것이다.

영업대장 안규호의 '이것만은 기억하라'

☑ 고객이 당연히 산다고 가정하고 자연스럽게 구매를 유도하라.

귀찮게 하는 건 안 팔겠다는 거다

컬럼비아대 교수 시나 이옌나와 스탠퍼드대 교수 마크 래퍼 등 연구팀에서 진행했던 실험이 있다. 그들은 캘리포니아의 한 식품점에 시식대를 만들었고 지나가는 고객들에게 다양한 잼을 시식하게 했다. 한쪽에서는 6가지 잼을, 다른 한쪽에서는 24가지의 잼을 맛볼 수 있도록 했고 어느 쪽이 더 많은 잼을 구매하는지 관찰했다.

결과는 놀라웠다. 24가지 잼이 있던 테이블에서 시식을 한 사람들의 구매율은 3퍼센트에 그쳤던 반면 6가지 잼이 있던 테이블에서 시식을 한 사람들의 구매율은 무려 30퍼센트에 달했다. 여기에 더해 구매 만족도 역시 6가지 잼 중 하나를 선택한 그룹이 높았다. 선택지가 많으면 좋을 것이라는 예상은 보기 좋게 빗나갔다. 이 실험은 복잡할수록 인지 과부하로 인해 변별력이 떨어져 선택을 미루거나 선택하더라도 만족도가 떨어진다는 점을 잘 보여 주었다.

지금 우리는 말 그대로 정보의 홍수 속에서 살아가고 있다. 현대인들이 하루에 받아들이는 정보의 양이 17세기 보통 사람들이 평생 동안 받아들이는 양보다 많다고 하니, 그 정도가 얼마나 심각한지 짐작할 수 있다. 웬만한 물건을 하나 사거나 어디 여행을 가려고 해도 인터넷을 검색하면 너무 많은 정보가 쏟아진다. 이때 우리는 그리 간단치 않은 판단을 해야 한다.

다른 곳보다 비싼 건 아닌지, 카드할인이 별도로 있는 건 아닌지, 배송료가 따로 있는 건 아닌지, 적용되는 쿠폰이 있는 건 아닌지, 정품을 파는 것인지, 구매 후기는 좋은지 등등 복잡하고 귀찮은 일투성이다. 노트북을 바꾸려고 삼성 노트북을 검색했더니 무려 100만 개가 넘는 제품과 30만 개가 넘는 블로그 페이지가 나온다. 도저히 뭐가 뭔지 알 수가 없다. 너무 많은 정보와 불신이 가득한 사회, 호갱이 되고 싶지 않은 소비자의 심리 덕에 '결정 장애'라는 신종 단어까지 등장했을 정도다.

나는 2016년에야 처음으로 해외여행을 떠났다. 그동안 빚을 갚고 다시 경제적인 자유를 얻기 위해 정말 죽도록 일했다.

모든 빚을 청산했을 때 처음으로 나에게 해외여행이라는 선물을 주기로 했다. 비교적 흔한 동남아 여행을 결정했는데, 어디로 가야 할지 구체적인 목적지를 정하지 못했고 어떻게 해야 할지 도무지 감이 잡히지 않았다. 지인들에게 물어보고 인터넷을 검색해봐도 오히려 더 헷갈리기만 할 뿐이었다. 결국 결정하지 못한 채 패키지 여행사를 방문했다. 꼼꼼하게 비교하겠다는 마음으로 두 곳을 방문했는데, 결국 두 번째로 방문했던 여행사를 선택했다. 첫 번째로 방문했던 곳의 상담 직원이 매우 친절하고 이것저것 상세하게 설명해주었으나 결정적으로 꼭 집어 가고 싶은 곳을 선택할 수 없었다.

"세부는 공항과 가까워 이동이 편리한 휴양지라는 점이 좋아요. 방콕은 도시의 밤 문화를 자유롭게 느낄 수 있다는 게 장점이고요. 발리는 조용히 휴양하기에 좋죠. 여행 방법은 자유여행이 있고 패키지 여행이 있고…."

너무 다 좋았다. 하지만 어느 곳이 나에게 적합한 곳인지 첫 여행인 나로서는 선택하기가 어려웠다. 너무 많은 여행지에 대해 설명해주었고 여러 가지 패키지에 대해서 설명해주다 보니 나를 더욱 혼란스럽게만 만들었다. 반면에 두 번째로 방문했던 곳의 상담 직원은 아주 명쾌하고 내가 한 번에 선택할 수 있도록 만들어주었다.

하수의 멘트:
"이것도 좋고, 저것도 좋고…
한번 골라보세요!"

VS

고수의 멘트:
"두 가지 중에 어떤 게
더 마음에 드세요?"

고객이 원하는 것은 많은 선택지가 아니다.

자신이 더 유리하고 합리적인 선택을 했다는 확신이다.

지금 당장 고객의 눈앞에 놓인

불필요한 선택지를 하나씩 치워라.

"첫 해외여행이시라고요? 가족과 함께 가실 거고요. 제 경험을 비추어보면, 저는 지금까지 동남아 모든 곳을 가봤는데 방콕이 가장 좋았습니다. 다른 휴양지들은 며칠 지나면 조금 심심하더라고요. 근데 방콕은 휴식을 취하기도 좋고 좀 쉬다가 질리면 밤에 나가서 구경할 거리도 많아요. 처음 동남아를 가신다면 가장 무난하고 만족도 높은 방콕이 제일 잘 맞으실 겁니다. 방콕으로 결정하세요."

"이걸로 하세요." 아주 명쾌했다. 내가 가장 듣고 싶었던 대답이었다. 이런 명쾌함은 고객의 고민을 덜어주므로 그들의 마음을 움직이는 데 아주 좋다. 적당한 선택지를 주면서 혼란을 줄여주기 때문이다. 그 직원은 아주 센스 있게 자신의 사례를 이야기해주며 내가 선택하기 좋게 이끌었다.

나뿐만 아니라 많은 직장인들이 회사라는 전장에서 수많은 정보를 두고 치열하게 고민하며 돈을 번다. 그러나 돈을 쓸 때만큼은 순전히 자신을 편하게 내버려두고 싶어 한다. 머리를 쥐어 싸매며 고민하고 싶지 않고 마음에만 들면 나를 위해 까짓것 거하게 투자하고 싶은 마음도 있다. 개처럼 벌고 정승처럼 쓰라는 말도 있지 않은가. 두 번째 여행사는 내 선택지를 단순하게 만들어줌으로써 나를 편안하게 해주었다. 바로 그런 점이 고마웠고 나를 움직였다. 결제를 하고 나서려는 내게 직원은 한

마디를 더 남겼다.

"첫 여행이시라니까 재밌게 놀다 오시라고 크진 않지만 제가 1만 원짜리 면세점 쿠폰 드릴게요. 재밌게 놀다 오시고 궁금하신 사항 있으면 언제든지 전화주세요. 가시기 전에 필요한 것들은 저희가 직접 연락드리고 조언 드릴게요."

마무리까지 아주 퍼펙트했다. 아마도 면세점 쿠폰은 누구라도 주는 프로모션 쿠폰이었을 것이다. 그러나 고객 입장에서는 진짜 첫 고객이라 주는 건지 모든 고객들한테 주는 건지 관심 없다. 그냥 그런 대접에 기분이 좋아진다. 덕분에 내 여행은 매우 만족스러웠다. 그 후에도 그 직원에게 많은 사람들을 소개시켜주었으니 나 역시 할 도리를 한 것 같다. 물론 나도 여행을 갈 때마다 그때 인연을 맺은 그 직원에게 전화를 한다.

내가 처음 영업을 시작하는 영업자에게 꼭 권하고 싶은 방법이 바로 이 '단순화의 법칙'이다. 새로운 일을 시작하게 되면 배워야 할 것도 많고 공부해야 할 것도 많다. 하지만 아무리 밤을 새우고 공부를 한들 얼마 되지 않은 신입이 모든 상품을 알기란 쉽지 않다. 지친 초보 영업자들은 이런저런 핑계를 대기 시작한다. '초보니까, 배우면 나아지겠지.'라고 말이다. 하지만 초보는 자랑이 아니다. 영업의 현장은 뭔가를 배우기만 하는 학교도 아니다. 다 알지 못하면 가장 잘 아는 상품으로라도 판매에 성공해야 살아남을 수 있다.

나는 그럴 때 딱 세 가지만 공부하고 그것만 판매했다. 어떤 업종에서도 마찬가지였다. 미끼상품 한 가지, 내가 주력 판매할 상품 두 가지. 처음 며칠은 이것만 열심히 연구하고 공부한다. 고객에게도 딱 이 세 가지 상품만 보여준다. 고객의 눈앞에 세 가지 상품을 올려놓고 반응을 살핀다. 그러고 나서 고객이 가장 마음에 들어 하지 않는 한 가지를 뺀다. 그의 눈앞에서 영원히 치워버린다.

이제 고객의 앞에는 두 가지 상품만 남았다. 계속해서 고객에게 질문한다. 어떤 기능을 더 많이 사용하는지, 어떤 상품에 눈길이 가는지, 왜 이 상품이 더 마음에 드는지를 말이다. 그러면서 고객이 진짜 원하는 것을 캐치한다. 그리고 이렇게 말한다.

"그럼, 이걸로 하시면 되겠네요."

남은 하나의 상품 역시 고객의 눈앞에서 치워버린다. 그럼 고객들은 흔쾌히 눈앞에 하나 남은 상품을 선택한다. 구매율 역시 아주 높고 만족도 또한 매우 높다. 어떠한 고객도 어렵고 복잡한 것은 싫다. 특히 그 상품의 가격이 비싸면 비쌀수록 말이다.

고객에게 많은 선택권을 주지 마라. 그것은 고객이 바라는 것이 아니다. 당신이 무언가를 팔고 있다면 "골라보세요."가 아니라 "이게 좋겠네요."라고 말하라. 이것저것 설명하며 고객을 어렵게 만들지 마라. 복잡하게 얽혀 있는 '고르디우스의 매듭'을 단번에 잘라버리고 왕의 자리에 오른 알렉산드로스 대왕처럼 빠르게, 단순하지만 명쾌하게 고객의 욕구를 충족시켜라.

영업대장 안규호의 '이것만은 기억하라'

☑ 고객에게 너무 많은 선택지를 주지 마라.

10만 원은 비싸도
1,000만 원은 안 비싸다

주말에 형님이 내려온다고 하여 어머니와 함께 저녁 장을 보려고 시장을 방문한 적이 있다. 사람들로 북적이는 주말 시장은 활기로 가득했다. 시장에는 온통 팔기 위해 외치는 사람들과 사려는 사람들로 뒤섞여 시끌벅적했다. 마침 정육점 앞을 지나가려는데 사람들이 길게 줄 서 있었다. 10주년 기념 특가 세일이라고 크게 써 붙여놓았고 직원들도 목이 터져라 외쳤다.

"오늘 놓치면 후회합니다. 다 떨어지기 전에 얼른 사가세요. 10주년 기념 특가 세일!"

어머니는 슬그머니 사람들이 선 줄에 합류했고, 오랜 기다림 끝에 한우를 잔뜩 사셨다. 일곱 식구가 모두 함께 먹어야 할

양이었고, 100그램당 가격이 얼마인지는 모르나 한우 자체가 비싸니 당연히 금액이 많이 나올 것이라고 예상했다. 역시나 20만 원이 훌쩍 넘었다. 나는 양도 얼마 안 돼 보이고 가격도 비싼 것 같아 투덜거렸다.

"되게 비싸네. 그냥 돼지고기 먹으면 되지 무슨 한우예요!"

"이 양에 이 가격이면 엄청 싼 거지. 얘는 알지도 못하면서, 잘 산 거야."

그런데 어머니는 엄청 싸게 잘 샀다며 좋아하셨다. '20만 원이 싸다고? 선뜻 이해되지 않았지만 오랜만에 자식들 먹이는 것이니 아깝지 않으신 거구나.'라고 생각하고 넘겼다.

이번에는 고기와 함께 먹을 쌈 채소를 구입하기 위해 채소 가게에 갔고 나는 한 봉지에 3,000원 하는 상추를 집어 들었다. 어머니가 받아들며 주인아주머니에게 물었다.

"아주머니, 요만한 상추가 한 봉지에 3,000원이나 해요?"

"네, 요새 비가 많이 와서 상추 가격이 많이 올랐어요!"

"그래도 이건 너무 비싸다. 조금만 깎아주세요."

"이것도 안 남기고 드리는 거예요. 안 돼요."

어머니의 흥정에도 주인아주머니는 가격을 깎아주지 않으셨고 어머니는 나에게 이렇게 말씀하셨다.

"소고기를 누가 촌스럽게 쌈에 싸 먹니. 상추는 사지 마."

"엄마, 3,000원밖에 안 하는데 그냥 하나 사요."

어머니는 내 말을 가볍게 무시하시고는 상추를 사지 않으셨다. 내가 비싸다며 툴툴댔던, 20만 원이 넘는 한우는 싸게 구입하셨다고 좋아하시면서 정작 내가 엄청 싸다고 생각했던 단돈 3,000원짜리 상추는 비싸다며 구입하지 않으신 것이다.

무슨 차이일까? 바로 사람마다 제품에 대해서 생각하는 가격의 기준이 다르기 때문이다. 당신이 어떤 제품을 팔건, 얼마에 팔건 상관없이 대부분의 고객은 당신의 제품을 비싸다고 느낀다. 왜냐고? 만약 고객들이 당신의 제품을 가성비 최고이며 싸다고 생각했다면 당신은 많이 팔았을 것이고 많은 돈을 벌었을 것이다. 고객이 당신에게 묻는다.

"조건이 좋네요. 그래서 얼마예요?"

"네, ○○원입니다. 매우 만족할 만한 가격이죠."

모든 영업자들이 가장 두려워하는 말이다. 고객의 질문에 씩씩하게 있는 그대로 대답한다면 당신은 상위 1퍼센트의 영업자가 되긴 힘들다. 그보다는 당신이 팔고자 하는 제품에 대한 가격 기준을 명확하게 제시해주어야 한다. 어렵게 생각할 필요 없다. 사람들이 가장 많이 쓰는 다른 경쟁사와 비교하는 방법도 좋다.

"같은 조건에 다른 회사 제품은 1만 원인데 저희 회사 제품은 5,000원입니다."

이것도 고객에게 제품에 대한 명확한 가격 기준을 제시해주는 것이다. 안 하는 것보다는 100배, 1,000배 더 좋은 멘트다. 하지만 이건 가격적인 우위를 가졌을 때 가능한 일이다. 만약 당신의 제품이 다른 경쟁사보다 비싸다면 어떻게 할 것인가? 나는 경영 컨설팅을 하며 최소 월 100만 원이 넘는 제법 고가의 계약을 체결한다. 그러자면 남과 달리 더 정확한 가격 기준을 제시해야 고객들이 수용할 수 있다. 그래서 종종 이렇게 말한다.

"대표님, 다른 회사들은 회계, 관리 직원을 따로 뽑아서 쓰는 거 아시죠? 그럼 그 직원들 월급 얼마나 될까요. 1명당 최소 250만 원입니다. 그 직원들에게 들어가는 추가 비용까지 생각하면 더 많은 돈이 필요하겠죠. 하지만 저랑 계약하시면 2년 동안 관리 직원 1명을 월 100만 원이라는 매우 저렴한 인건비로 쓰는 것과 같습니다."

같은 일을 하지만 한 번 채용하면 함부로 자를 수도 없는 연봉 3,000만 원 이상의 부담스러운 정규직보다 연봉 1,200만 원에, 일을 못하면 언제든지 자를 수 있는 비정규직인 내가 훨씬 낫다. 게다가 나는 관련 분야에서 훨씬 프로페셔널하기까지 하다. 고객 입장에서 손해 볼 것이 없다.

내가 만약 고객들에게 이렇게 말했다고 해보자.

하수의 멘트:
"네, 고객님. ○○원입니다. 정말 싸죠?"

고수의 멘트:
"○○원 더 싸니,
 고객님이 더 이익이네요."

아무리 싸다고 백날 말해봐야
고객은 비싸다고 생각한다.
그런 고객의 마음을 사로잡으려면
고객이 얼마나 이익과 가치를 얻을 수 있는지
알려줘야 한다. 얼마냐고 묻는 고객에게
곧이곧대로 가격부터 말하는 당신의 멘트는 틀렸다.
최소한 경쟁사보다 얼마나 저렴한지,
지금 고객이 느끼는 불편함을 해소하는 데
얼마나 합리적인 비용인지 설명하는 사람이
진짜 제대로 된 영업 멘트를 칠 줄 아는
영업의 고수다.

"대표님, 월 100만 원에 맞춰드릴게요. 정말 엄청 싸게 해드리는 겁니다. 다른 데서는 200만 원 이상 받는 계약인데 저니까 저렴하게 해드리는 겁니다. 지금 계약 안 하시면 정말 후회하실 겁니다. 바로 계약하시죠!"

감동도 재미도 편익도 없다. 영업 냄새가 진동하고 '사기꾼' 냄새가 폴폴 풍긴다. 아마 고객은 약간 더 생각해보겠다고 말할 것이다. 싸다고는 말하는데 얼마나 싼지, 자신에게 얼마나 도움이 되는지 정확히 느낄 수 없으니 말이다. 당신이 아무리 남는 것 없이 싸게 판다고 혼자 우겨봐야 고객은 알아주지 않는다. 모든 수당을 빼주고 팔아도 고객은 비싸다고 느낄 것이다. 고객에게 필요한 것은 차별화된 가격 기준이다.

만약 당신이 자동차를 팔고 있는데 고객이 중고차와 가격을 비교한다면 어떻게 할 것인가? 중고차를 사게 되면 고객이 부담해야 할 각종 비용과 위험성을 이야기하면 된다. 가령 타이어 교체, 노후 부품 수리비, 고치러 다니는 시간, 사고의 위험성으로 얼마나 큰 손해를 보는지와 같은 것들이다. 그래서 지금 당신과 계약하면 어느 정도 금액의 이득을 얻을 수 있는지를 정확히 설명하는 것이 훨씬 효과적이다.

당신과 계약하는 것이 고객에게 얼마나 많은 가치와 이득을 주는 일인지 이해하기 쉽게 합리적이고 정확한 가격 기준을 제시하라. 그 순간 제품이 얼마건 간에 고객들은 기분 좋게 구입할 것이다.

영업대장 안규호의 '이것만은 기억하라'

☑ 고객이 더 많은 이익을 얻게 될 것이라 확신할 만한 나만의 가격 기준을 제시하라.

단점이 가장 좋은 장점이다

　뭐든지 생각하기 나름이다. 살아가면서 한 번쯤 해보는 말이다. 똑같은 일을 겪더라도 받아들이는 사람의 의식과 관점에 따라 세상 모든 일의 결과는 달라진다. 어렸을 때 아버지께서 내게 자주 해주셨던 이야기가 있다.

　알코올 중독자 아버지 밑에서 자란 쌍둥이 아들이 있었다. 아버지는 매일같이 술을 마시고 집에 와서는 주먹을 휘둘렀다. 아들들은 당장 오늘 먹을 끼니를 걱정해야 할 정도로 지독하게 가난한 현실 속에서 살아야 했다. 쌍둥이 중 한 명은 자신의 아버지를 보며 '나는 절대 저렇게 살지 않겠다.'라고 다짐하고 또 다짐했다. 가난을 벗어나기 위해, 성공하기 위해 죽을힘을 다해 노력했다. 다른 한 명은 '이 불공평한 세상, 내가 할 수 있는 일은 없어!'라고 생각하며 자신의 삶을 비관하고 아무 노력도 하지 않았다. 세월이 지나고 노력한 아들은 사회적으로 성공했으며 술은 입에도 대지 않는 건강한 삶을 살았다. 자신의 신세만 한탄하던 다른 아들은 아버지와 똑같은 알코올 중독자가 되어 버리고 말았다.

"규호야, 지금 눈앞에 놓인 현실만 중요한 게 아니야. 네가 어떻게 생각하고 행동하느냐에 따라 모든 게 달라지는 거야."

일찍이 부모님께서 이혼하시고 사업 실패로 거리에 나앉게 되었을 때, 우리 집에 안 좋은 일이 생길 때마다 아버지는 항상 내게 이 이야기를 해주셨다. 그때는 '맨날 똑같은 얘기. 지겨워. 핑계일 뿐이야.'라고 여기며 반항하고 방황했다.

하지만 지금 와서 생각해보면 그 당시 아버지가 나에게 줄 수 있었던 최고의 가르침이었다. 나의 가장 큰 단점이라고 생각했던 지독한 가난과 학창시절의 방황, 중졸 학력의 콤플렉스가 결국 지금의 나를 만들어줬기 때문이다. 빚쟁이들에게 쫓겨 형과 함께 학교조차 다니지 못하게 했던 가난은 나를 더욱 강하게 만들어주었고 내 짧은 학력은 나를 쉬지 않고 공부하게 만들어주었다. 내 단점들은 많은 사람에게 희망을 이야기하는 작가를 꿈꾸게 했고, 억대 연봉을 버는 영업자로 성공할 수 있게 해준 가장 좋은 재료였다.

나는 지금 가난을 이겨내고 성공한 스토리를 자랑하고 싶은 것이 아니다. 만약 내가 부잣집 아들로 태어나 명문대를 졸업해서 영업자로 성공했다면 지금처럼 많은 사람에게 사랑받지 못했을 것이다. 다만 나는 내 단점을 감추려고 하지 않았다. 그리고 그 단점들을 부각시켜 스스로 장점으로 바꿔버렸다. 영업자라면 이렇듯 언제든지 관점을 뒤집을 수 있어야 한다. 내가 파는 상품의 단점을 최고의 장점으로, 경쟁사의 장점을 최악의 단점으로 자유자재로 바꿀 수 있어야 한다.

중국에서 사업에 실패하고 한국에 돌아왔을 때 나의 삶은 진심으로 비참했다. 직업은 없었고 아이와 함께 월세 30만 원짜리 비좁은 원룸에서 살아야만 했다. 게다가 매일매일 미친 듯이 걸려오는 빚 독촉 전화와 채권자들에게 시달려야 했다. 가장 고통스러운 것이 아침에 눈을 뜨는 것이었다. 눈을 뜨면 또다시 반복될 하루를 견뎌낼 자신이 없었다. 하루에도 죽고 싶다는 생각을 수십, 수백 번씩 했지만 죽을 용기가 없었고 그럴 수도 없었다. 어떻게든 돈을 벌고 다시 재기해야만 했다.

휴대폰 판매사를 거쳐 경영 컨설턴트, 한국세일즈성공학협회의 대표 그리고 작가가 되기까지 4년이라는 시간이 걸렸다. 남들은 내가 겪어온 시간을 어떻게 생각할지 모르겠지만 나는 내 자신이 너무나 자랑스럽다. 정말 최악의 상황이었지만 무너지지 않았고 포기하지 않았다. 죽도록 노력했고 모든 빚을 청산했다. 아이들을 위한 좀 더 넓은 집을 장만했고 지금은 통장을 보지 않고 살아도 될 만큼 경제적인 자유를 얻었다.

그동안 고생한 내 자신에게 선물을 주고 싶었다. 바로 자동차였다. 예전처럼 사치를 부리면 어떻게 될지 알기 때문에 할부 없이 일시불로 살 수 있는 범위 내에서 결정하기로 했다.

차를 보기 위해 국내 외제차 판매율 1, 2위를 다투는 영원한 라이벌 벤츠와 BMW 두 회사의 매장을 방문했다. 이 두 곳은 라이벌 관계답게 굉장히 견제하고 있었고 서로를 깎아내리기에 바빴다. BMW 매장에서 원하는 차를 천천히 살펴보고 딜러에게 견적을 받을 때 직원이 내게 물었다.

"혹시 다른 회사의 차량도 보신 것이 있나요?"

"아직 본 건 아니지만 벤츠도 생각하고 있어요."

"사장님, 벤츠는 저희 회사와 같은 성능에 디자인만 다른 모델이 몇 백만 원 이상 더 비쌉니다. 동일한 제품을 왜 몇 백만 원씩 더 주면서 사려고 하세요. 차량 구매하시면서 벤츠를 사는 사람이 가장 호갱이라고 말합니다."

그러고 나서 벤츠 매장을 방문했다. BMW 딜러의 말대로 벤츠는 할인이 적어 동급 모델이 훨씬 더 비쌌다.

"BMW 모델이랑 차이가 많이 나네요."

"사장님, BMW는 할인을 너무 많이 해서 이제는 아무나 다 타는 그런 흔하디흔한 브랜드가 됐어요. 가치가 떨어진 거죠. 사장님은 비싼 돈 주고 타는 차가 아무나 탈 수 있는 택시 같은 차라면 좋으시겠어요?"

벤츠를 판매하는 딜러의 말이 아주 인상적이었다. 경쟁사가 지적한 자신의 가장 큰 단점을 장점으로 뒤집어버린 것이다. 벤츠는 비싸다는 단점을 명품의 품격이라는 장점으로 부각시키며 오히려 BMW의 합리적인 가격이라는 장점을 싸구려라는 최대의 단점으로 만들어버렸다.

나는 어떤 차량을 선택했을까? 벤츠를 선택했다. 이유는 단순하다. 바로 브랜드의 가치다. 우리가 자동차를 살 때 기능과 가격에만 집중한다고 생각하지만 고가 자동차 브랜드의 경우에는 눈에 보이는 가치도 상당히 중요하다. 앞에서 말했지만 이럴 때 몇 백만 원의 차이는 비교적 작은 차이처럼 느껴진다. 생각해보라. 고가의 럭셔리 자동차를 구매하겠다는 사람이 몇 백만 원 차이로 자신의 품격을 잃고 싶어 하겠는가.

세상에는 영원한 장점도 영원한 단점도 없다. 생각하기에 따라 모든 것이 달라진다. 지금부터 당신이 보고 듣고 생각하는 모든 것의 관점을 당신이 원하는 대로 비틀고 뒤집어보자. 당신 영업의 단점이 무엇이라고 생각하는가? 지금 당신이 생각해낸 단점들을 종이에 적고 이 모든 것을 장점으로 바꿔 설명하라. 그때 비로소 당신은 단점 없는 완벽한 영업을 하게 될 것이다. 단점 없는 영업은 절대로 실패할 수 없다.

영업대장 안규호의 '이것만은 기억하라'

☑ 세상에는 영원한 장점도 영원한 단점도 없다. 당신이 감추고만 싶었던 최악의 단점을 최고의 장점으로 바꿔 말하라.

아무 생각 없이 쓰는 접속사 하나가 영업을 망친다

우리는 왜 피땀 흘려 힘들게 번 돈을 쓸까? 이유는 간단하다. 더 즐겁고 행복해지고 싶어서다. 소비가 주는 즐거움은 매우 크다. 돈을 쓴다는 것은 그만큼 즐거운 일이다. 돈을 쓰면서 고통스러워하는 사람은 없다. 만약 그랬다면 아무도 돈을 쓰지 않을 것이다.

그런데 종종 어떤 영업사원들은 고객의 소비하는 즐거움을 망치려는 데 혈안이 된 것처럼 보인다. 어떻게든 팔려고 하는 영업사원과 사지 않으려고 하는 고객의 생각이 충돌하는 경우가 대표적이다. 서로가 서로를 설득하기 위해 끊임없이 말을 내뱉지만 이건 싸움에 불과하다. 서로의 생각이 부딪치기 시작하면 이건 답이 없다.

영업 이론 중에서는 '반론 극복'이라는 것이 있다. 고객이 제품에 대해 반론을 제기할 때 이를 어떻게 극복하느냐가 판매를 결정하는 아주 중요한 요인이다. 고객의 반론을 극복하지 못하면 판매는 실패한다. 여기서 유의해야 할 점은 그 반론에 맞서도 판매는 실패한다는 것이다. 결국 그 반론을 뛰어넘어야 판매에 성공한다.

휴대폰을 판매할 때 항상 고객과 영업자 사이에 마지막에 나누는 대화가 있다.

"괜찮은 것 같긴 한데 가격이 너무 비싸네요."

"네, 맞아요. 비싸죠. 그런데 최신 휴대폰은 어쩔 수가 없어요. 그 대신 분명히 그 값어치를 합니다."

비싸다는 고객의 불만에 영업자는 보통 이렇게 대답한다. 그러나 이는 엄밀히 말하면 고객을 설득하는 게 아니라 고객에게 통보하는 것이다. 어설픈 초보 영업자일수록 고객의 생각을 정면으로 받아치는 경우가 많다. 특히 대화 도중 고객의 반론을 극복하기 위해 "그러나" "그런데"와 같은 말을 사용한다. 하지만 영업자가 아무 생각 없이 사용하는 접속사 하나가 사지 않겠다는 불씨가 되어 고객의 마음에 불을 지핀다.

고객의 반론을 극복하는 데 두 가지 방법이 있다. 첫 번째는 고객의 생각에 자연스럽게 보조를 맞춰주는 것이다. 동조하면서 설득해가는 방법이다. 이때 고객의 저항을 최소한으로 만드는 것이 중요하다. 한 가지 방법으로 '그러나', '그런데'와 같은 부정적인 접속사보다 '그리고', '그래서'라는 접속사를 활용하는 것이다. 고객이 큰 거부감을 느끼지 않으면서 영업자의 뜻대로 대화를 유도해나갈 수 있는 접속사가 바로 '그리고', '그래서'다. 영업의 고수일수록 이 단어를 더 많이 사용한다.

처음 들었을 때는 좀 어색할 수 있다. 하지만 뉘앙스는 분명히 큰 차이가 있다. "비싸다. 그러나 가치가 있다."와 "비싸다. 그래서 가치가 있다." 그 차이가 뭔지 알겠는가? '비싸다'에 방점이 찍히는 것과 '가치가 있다'에 방점이 찍히는 것은 완전히 다른 이야기다. 듣는 이의 입장에서 볼 때 후자는 가치가 있기 때문에 비싼 값을 치러야 한다는 뜻이다. 이렇게 되면 고객도 자연스럽게 고개를 끄덕이게 된다. 대화도 훨씬 더 부드러워지고 고객의 반론도 쉽게 극복해나갈 수 있다.

두 번째는 더 강하게 반론하는 것이다. 이때 중요한 점은 '자신감'이다. 어설프게 배운 방법대로 일단 고객의 말에 동조하고 반문하는 것이 아니라 처음부터 아주 강하고 단호하게 아니라고 말하는 것이다. 예전에 부모님과 시장을 갔을 때 이런 광경을 자주 보곤 했다.

고객:
"아, 이 휴대폰 너무 비싼데요?"

하수의 멘트:
"**그런데** 어쩔 수 없어요. 비싼 만큼
값어치를 해요!"

고수의 멘트:
"네, 맞습니다.
그래서 업계 1위를 하고 있죠.
카메라 기능은 어느 제품과도
비교가 안 된다죠?"

"사장님 너무 비싸요. 좀 깎아주세요."

"어휴, 이게 뭐가 비싸요. 비싸면 딴 데 가서 알아보세요."

시장에 가면 흥정을 하는 경우가 많은데, 이렇게 말씀하시는 주인아주머니들이 꽤 많았다. 나는 그럴 때마다 기분이 상했고 다른 곳에서 사고 싶었다. 하지만 부모님은 계속해서 흥정하시고 결국 그곳에서 물건을 구매하셨다. 고객이 영업자 앞에서 구매를 고민한다는 것은 일종의 '엄살'이다. 그들의 심리는 사실 이런 것이다.

'지금 나에게 더 강한 확신을 줘. 내가 옳은 선택을 한 것이라고 말해줘. 나에게 조금 더 무언가를 줘.'

정말 필요 없고 아니라고 생각한다면 고객은 뒤도 돌아보지 않는다. 하지만 반드시 필요한 물건이라면 주저하고 조건을 달고자 한다. 이때 강력한 한 방이 필요하다.

고객이 비싸다고 이야기한다. 정말 비싸다고 느낀 것일 수도 있고 아니면 조금 더 깎아달라는 엄살일 수도 있다. 나는 고객들이 비싸다고 이야기하면 아주 단호하고 강하게 말한다.

"결단코 어디 가도 이런 가격은 없습니다. 절대 비싼 거 아니니까 걱정하지 마세요. 더 싸게 구매하실 순 없습니다."

지금 내가 제시한 가격이 최선이라는 확신을 준다. 영업자가 고객에게 강하게 말하면 말할수록 고객은 확신을 얻게 된다. 영업자의 표정과 말투, 행동에서 단호함이 느껴지지 않으면 고객은 절대로 구매하지 않는다.

고객의 반론을 극복하고 싶다면 더욱더 강하게 받아쳐라. 고객의 반론이 쏙 들어가도록 말이다. 특히 어설프게 말끝을 흐리지 말라. 긍정하려면 강하게 긍정하면서 본인이 원하는 대로 대화를 끌고 가던지 아니면 처음부터 강하게 응수하라. 어설픈 반론 극복은 고객과의 생각싸움, 감정싸움만 만들어내고 판매까지 실패하게 만든다.

영업대장 안규호의 '이것만은 기억하라'

☑️ 고객의 말에 동조하거나 더 강하게 반론을 제기하거나 자신에게 맞는 방법을 사용하면 된다. 단, 어설픈 반론 극복은 금물이다. 고객의 불신과 사지 않겠다는 마음을 뛰어넘어야 판매에 성공한다.

당연한 것도
설명하면 섬세함이 된다

　단골로 다니는 작은 동네 미용실이 있었다. 가끔 지인들이 왜 그런 후줄근한 곳에서 머리를 자르냐고 핀잔을 주었지만 내 마음에 들면 그걸로 끝이라고 생각했다. 세련된 분위기와 전문적인 느낌이 물씬 풍기는 대형 미용실에 가서 헤어디자이너에게 맡겨보기도 했지만 가격이 너무 비싼 건 물론이고 사람들로 붐벼서 싫었다. 언제나 대기 없이 바로바로 머리를 할 수 있고 조용한 동네 미용실이 나는 더 좋았다.

　한번은 책 표지에 사용할 프로필 사진을 찍어야 했는데, 조금 더 멋지게 찍고 싶어 오랜만에 머리 손질도 할 겸 대형 미용실을 찾았다. 원래는 단골 미용실에 가서 손질하려고 했지만 직원들이 반대하며 나섰다.

"중요한 사진 찍는데 좀 좋은 데 가서 하세요!"

"나는 가던 곳이 편한데."

"절대 안 돼요. 제가 잘하는 데 소개해드릴 테니까 거기로
가세요."

직원의 소개를 받고 남자 머리를 잘한다는 미용실로 향했
다. 젊은 남자 사장님 두 분이 운영하는 곳이었는데 예약제였
다. 규모는 작았지만 매장은 손님들로 가득했다. 조금 기다린
끝에 내 차례가 되었다.

"머리 어떻게 해드릴까요?"

"지금 머리처럼 자연스럽게 파마해주세요."

"네. 그런데 아침마다 머리 이렇게 만지고 다니세요?"

"네. 그런데요."

"아침마다 머리 하시려면 꽤 힘드시겠어요?"

"네. 너무 귀찮아요."

"제가 아침에 머리 만지기 쉽도록 지금 가르마에 맞춰서 파
마해드릴게요. 그럼 아침에 머리 만지기 훨씬 쉬우실 거예요."

사장님의 이 한마디는 나를 격하게 감동시켰다. 지금까지
수많은 미용실에서 머리 손질을 해보았지만 단 한 번도 이런 세

심한 배려를 받아본 적이 없었다. '괜히 소문이 난 것이 아니구나. 역시 잘되는 가게는 뭐가 달라도 다르구나.' 머리도 너무 마음에 들었고, 단 한 번의 방문 이후로 나는 그곳의 단골이 되어버렸다. 그러다 한 번은 갑자기 머리를 해야 할 일이 생겼고 그 미용실이 쉬는 날이어서 어쩔 수 없이 예전에 머리를 하던 동네 미용실을 방문했다.

"사장님, 지금 가르마에 맞춰서 파마해주세요."

"당연하지. 지금까지 그렇게 해줬잖아."

'어, 뭐지? 지금까지 그렇게 해줬다고?' 알고 보니 이미 모든 미용실에서 머리를 할 때 손님의 가르마에 맞춰서 스타일링하고 있었다. 다만 나를 감동시킨 미용실 사장님은 그 당연한 것을 당연하지 않게 나에게 이야기해주었던 것뿐이다. 나는 그 한마디에 꽂혀서 그 가게의 단골이 되었고 지인들에게 소문도 많이 내주었다. 하지만 다른 미용실에서는 너무도 당연한 것이라 여겨 굳이 설명하지 않고 지나갔다. 무엇이 다른지 알겠는가? 나는 이 사실을 알고 나서도 나를 감동시킨 그 미용실만 다닌다.

우리 세일즈맨들에게 당연한 것이란 없다. 당신에게는 아주 익숙하고 당연한 것일지라도 고객은 그렇지 않다. 작은 것 하나하나 모두가 고객을 향해 있어야 한다. 당연함을 고객에게 어떻게 전달하느냐에 따라 성과가 달라진다. 나는 이것을 판매

유도의 기초 공식이라고 말한다. 아무리 작은 것 하나라도 고객에게 어떻게, 세심하게 전달하는가에 따라 성과는 하늘과 땅 차이가 난다.

예전에 한 고객에게 문의 전화가 왔다. 지인에게 소개를 받고 내 전화번호를 알게 되었다고 하면서 자신의 회사를 컨설팅해달라는 내용이었다. 고객의 이야기를 들어보니 이미 회사를 관리해주는 경영지도사가 있었다. 경영지도사라면 토익점수도 700점 이상은 되어야 하고 경영학부터 노무, 인사, 등 여러 가지 항목을 몇 년 동안 공부해야 딸 수 있는 국가공인자격증을 취득한 사람이다. 나는 넘볼 수도 없다. 그런 전문가에게 이미 매달 일정 금액을 내며 컨설팅을 받고 있는 분이 나에게 다시 컨설팅을 요청한 것이다. 이유를 물었다.

"대표님, 지금 잘하는 담당자가 있는데 왜 저한테 맡기려고 하시는 거예요?"

"믿음이 안 가. 해주는 것도 없는 것 같고."

그분의 말대로라면 그 경영지도사는 회사에 이미 많은 것을 해주고 있었다. 솔직히 내가 하는 것보다 더 많았다. 만약 내가 이 회사와 계약을 한다고 해도 기존에 경영지도사가 하던 일을 이어받는 수준밖에는 안될 것 같았다.

"지금 굉장히 잘해주고 있는 거예요. 가격도 저렴하고요.

저는 컨설팅 금액도 지금 담당자보다 훨씬 비쌉니다."

"그래도 그냥 안 팀장이 맡아서 해줘."

하루만 생각할 시간을 달라고 했다. 그리고 고민 끝에 정중하게 거절했다. 새로운 고객이 생긴다는 것은 너무나 행복한 일이다. 하지만 나는 내 일에 있어서 '기브 앤 테이크' 원칙만큼은 철저하게 지킨다. 내가 고객에게 줄 것이 없다면 공짜로 받지도 않고 내가 해주는 만큼은 반드시 돌려받는다. 이 고객의 경우 내가 일을 넘겨받는다고 해도 지금 있는 컨설턴트보다 더 해줄 것이 없었다.

만약 이 경영지도사가 앞서 말한 미용사처럼 아주 작은 것이라도 자신이 회사에 해주고 있는 것들을 잘 설명했다면 어땠을까? 많은 일을 해주면서도 '전달'을 못해 고객을 만족시키지 못했다는 것은 너무나 안타까운 일이다.

예전에 잠시 작은 선술집을 운영한 적이 있다. 한 번은 여자 손님이 술에 조금 취했고 뭐 그리 기분이 나빴는지 계산하며 돈을 획 집어던졌다. 만 원짜리 몇 장이 바닥에 떨어졌다. 순간화가 치밀어 올랐고 고객에게 따져 묻다가 싸움으로 번졌다. 돈 싫어하는 사람은 없다. 하지만 어떻게 전달하느냐에 따라 결과는 180도 달라진다.

행동뿐만 아니라 말도 마찬가지다. 말은 자신의 생각을 다른 이에게 전달하는 수단이다. 같은 의미를 담고 있는 말이라도 어떻게 전달하는가에 따라 결과가 달라진다. 영업자라면 더하다. 우리는 고객에게 모든 것을 말해주어야 한다. 내가 얼마나 당신을 위하고 있고 당신에게 많은 이득을 주고 있는지 말이다. 작은 것 하나도 흘려보내지 마라. 당신이 하고 있는 것에 대해 그 어떤 것보다 멋지고 아름답게 포장하라. 고객에게 선물처럼 전달하라. 당신의 작은 선물 덕분에 고객은 크게 감동하여 당신만 찾게 될 것이다.

영업대장 안규호의 '이것만은 기억하라'

☑️ '나를 위해 이렇게까지 해주고 있구나.'라는 감동을 선사하라.

'YES'를 이끌어내는 최면 멘트

다단계 회사의 사업 설명회나 투자 유치 행사에 가본 적이 있는가? 고객을 따르게 하고 싶다면 이런 행사에 꼭 한 번쯤 참석해보기를 권한다. 물론 아주 굳센 의지를 가지고 참석하지 않으면 엄청난 일을 겪을 것임을 미리 경고한다.

친한 지인의 권유로 다단계 회사 행사에 참석한 일이 있다. 내가 본 그 현장은 사업 설명회라기보다는 흡사 사이비 종교의 집회 분위기였다. 사람들은 회사 대표의 한마디, 한마디에 열광했고 100여 명 남짓 모인 공간에서 엄청난 함성이 터져 나왔다. 돈을 벌고 부자가 되고 싶다는 사람들의 열정과 믿음에 압도당할 수밖에 없었다. 가수 싸이의 콘서트보다 더 뜨거운 열광의

도가니였다.

'나도 이 사업에 한번 뛰어들어야 되나?' 싶을 정도로 혹했다. 어떤 조직을 이끌건 이 정도 분위기를 만들어낼 수 있다면 무조건 성공할 것이라는 생각이 들었다. 회사 대표는 카리스마 넘쳤고 엄청난 화술을 구사했다. 사람들을 흥분시키기에 충분했다. 무엇보다 최면 세일즈 요법을 아주 잘 사용하고 있었다. 그는 연설을 하며 계속해서 사람들에게 'YES, YES, YES'라는 답을 끌어냈고 중요한 말을 계속해서 반복했다.

"여러분, 돈 벌고 싶어서 여기 모인 것 맞습니까?"

"네!"

"돈 벌고 싶습니까?"

"네!"

"부자가 되고 싶습니까?"

"네!"

"부자 될 준비됐습니까?"

"네!"

"나를 믿습니까?"

"네!"

"그럼 나만 따라오십시오! 내가 여러분을 부자로 만들어드리겠습니다!"

"와~!"

"고객을 당신의
열성 팬으로 만들어라!"

톱클래스 영업자의 실력은 바로 여기에서 판가름 난다.

당신의 한마디 한마디에 반응하고 믿게 하고 따르게 하라.

완벽하게 세뇌시켜라.

세심한 한마디를 던져라, 중요한 말은 반복하라.

강한 자신감은 필수다.

마지막으로 고객의 'yes'를 끌어냈다면

당신의 멘트는 성공했다.

엄청난 박수 소리와 함께 심장이 터져버릴 정도의 환호성이 터져 나왔다. 이 압도적인 분위기는 현장에 가보지 않은 사람이라면 느낄 수 없을 것이다. 왜 사람들이 다단계에 빠져들 수밖에 없는지 알게 되었다. 이들은 투자자, 영업사원이라기보다는 모두 전쟁을 코앞에 둔 사기 충만한 전사들, 그 자체였다. 그 회사의 대표는 사람들에게 돈과 성공이라는 미끼를 던지며 최면을 걸었고 완벽히 세뇌시켰다.

물론 나쁜 예를 든 것이지만 고객을 당신의 말 한마디, 한마디에 열광하는 열성 팬으로 만들 수 있다면 얼마나 행복하겠는가! 그런 능력을 가진 영업자라면 억대 연봉의 영업자가 되는 것은 분명 시간문제일 것이다. 내가 보았던 그 회사의 대표는 불법을 저지르는 사람이었지만 그의 화술만은 충분히 본받을 만했다.

사람들은 일단 누군가의 말에 동조하기 시작하면 계속해서 동조할 가능성이 매우 크다. 당신이 더 많은 동의를 끌어낼수록 고객은 계속해서 당신의 말에 동의하게 될 것이다. 그러려면 어떻게 해야 할까? 당연히 'Yes'라고 대답할 수밖에 없는 지극히 욕구에 충실하며 상식적인 질문을 던지는 것이다. 나는 경영 컨설팅을 하며 고객들에게 항상 질문을 던진다. 그것도 'Yes'라는 답이 정해져 있는 아주 좋은 질문을 말이다.

"대표님, 1년에 세금이 50퍼센트 정도 줄어든다면 어떨까요? 좋으시겠죠?"

"대표님, 지금 융자를 1억 받으셨는데 이거 갚으실 거죠?"

"대표님, 매출이 1억 정도 늘어난다면 좋으시겠죠?"

누구라도 싫다고 할 사람은 없다. 모두 당연한 말이다. 그리고 그런 질문을 계속해서 던진다. 세상에 세금 많이 내고 싶어 하는 경영자는 없다. 융자를 신청하면서 갚지 않겠다고 말하는 사람은 없다. 지극히 당연한 것을 계속해서 묻고 상대의 동의를 끌어내는 게 중요하다. 이렇게 하다 보면 고객도 자연스럽게 자신의 니즈를 이야기한다. 그러면서 내가 대화의 흐름을 주도하고 계약으로 리드해나가는 것이다. 'Yes' 세트의 또 한 가지 중요한 포인트는 항상 반복적으로 말하는 것이다.

"세금은 계속 '오르고, 오르고, 또 오르지만' 이 비과세 상품이 세금 폭탄으로부터 대표님의 돈을 지켜줄 겁니다."

"저는 대표님께 '더, 더, 더' 많은 혜택을 드리기 위해 최선을 다합니다."

"대표님께서 저와 계약을 하는 순간 회사는 '더, 더, 더' 많이 성장할 것입니다."

고객을 최면 상태에 빠지게 만드는 게 중요하다. 최면은 일종의 반복이다. 중요한 단어는 3번 이상 반복해서 말해야 한다. 핵심 단어를 반복적으로 사용하면 고객은 편안해하면서 높은 집중력을 보이게 된다. 당신의 말에 'Yes'라고 대답하는 것을 습관이 되게 하라. 고객이 당신 말이라면 무조건 따르게 하라. 그 순간 고객은 당신의 영업을 빛나게 해줄 최고의 영업사원이 되어줄 것이다.

영업대장 안규호의 '이것만은 기억하라'

☑ 고객을 최면 상태에 빠지도록 만드는 게 중요하다. 최면은 일종의 반복이다. 중요한 단어를 3번 이상 반복하라.

99%는 혼자 가고 1%는 함께 간다

나는 세일즈를 가장 잘할 수 있는 방법 중 하나로 '영업의 쩐내', 즉 세일즈맨의 냄새를 빼라고 이야기한다. 영업자가 영업의 냄새를 풍기는 순간 고객은 마음의 문을 굳게 닫는다. 그리고 여간해서는 그 문을 다시 열기 어렵다.

그런데 말이 쉽지 이 냄새를 뺀다는 것이 보통 힘든 일이 아니다. 대부분의 영업사원은 고객들을 만나면 자신의 상품에 대해 말하고 싶고 팔고 싶어서 안달이 나 있기 때문이다. 아무리 느긋한 태도를 보이려고 해도 머릿속은 온통 언제, 어떻게, 어떤 방법으로 상품 이야기를 꺼낼 것인지에 대한 생각만 가득하다. 이미 목 끝까지 하고 싶은 말들이 잔뜩 올라와 있는 게 눈에 보인다. 그리고 기회다 싶으면 기다렸다는 듯이 상품에 대한 이야기를 쏟아낸다. 영업사원들의 아주 전형적인 상담 패턴이다.

그러나 그럴 때일수록 '참아라. 더 꾹꾹 참아라.' 아직은 상품에 대한 이야기를 할 차례가 아니다. 세일즈 성공의 제1원칙은 바로 신뢰와 믿음을 형성하는 일이다. 신뢰를 형성하는 일이 성공 세일즈의 첫 단계이자 가장 중요한 단계다. 처음 보는 사람과 사람이 신뢰를 쌓는다는 건 제법 많은 시간이 필요한 일이다. 하지만 고객은 우리에게 많은 시간을 주지 않는다. 게다가 판매를 위해 한 고객에게 수십 번씩 방문하고 또 방문하는 것은 옛날 방식의 영업이다. 결국 지금 우리에게 필요한 건 처음 만나는 고객들과 빠르게 신뢰를 쌓는 법이다.

페이싱pacing이라는 세일즈 스킬이 있다. 페이싱은 보조 맞춤이라는 뜻을 가지고 있는 영어 단어다. 쉽게 말해 고객의 템포에 맞춰 나란히 함께 가는 것이다.

고객은 영업자처럼 마음이 급하고 초초할 일이 없다. 영업사원만 빨리 팔고 싶은 마음에 템포가 빠를 뿐이다. 서두르지 말고 아주 천천히 여유롭게 고객의 보폭에 맞춰 고객과 나란히 가라. 그 템포에 맞추되, 당신이 가고 싶은 곳으로 조금씩 고객을 리드에 나가라. 이것이 바로 페이싱과 리딩의 과정이며 고객과 신뢰를 쌓는 최고의 방법이다.

끓는 물속의 개구리 이야기를 알고 있을 것이다. 끓는 물속에 개구리를 집어넣으면 놀라서 바로 튀어나오지만 미지근한 물속에 개구리를 넣은 후 조금씩 물을 가열하면 결국 빠져나오지 못하고 죽는다. 영업자도 마찬가지다. 고객을 한 번에 확 끌어당겨서 계약하려고 서두르지 마라. 조금씩 서서히 끌어당기며 당신이 원하는 방향으로 리드해가야 한다.

최고의 영업자들은 상품에 초점을 맞추지 않는다. 모든 초점을 고객에게 맞춘다. 하지만 보통의 영업사원들은 고객에게 잠깐 초점을 맞춘 후 바로 상품으로 넘어가려고 한다. 당연히 실적이 좋을 리 없다.

세상 모든 고객은 자기 자신에게 포커스가 맞추어지길 바라지 상품에 포커스가 맞추어지길 원하지 않는다. 옷을 사는 이유도, 차를 사는 이유도, 정수기를 사는 이유도 모두 본인의 가치 충족에 따른 것이지 물건 자체에 있는 것이 아니다. 엄밀히 말해 그 상품 자체를 위해 구매를 결정하는 고객은 없다. 이 기본적인 원리를 잊어서는 안 된다. 당신의 모든 이야기의 초점은 항상 고객에게 맞추어져야 하며 그것이 페이싱이다.

나는 영업을 하는 남자, 세일즈맨이다. 세일즈맨의 최고의 무기이자 필수품은 바로 슈트다. 그래서 나는 한여름에도 항상 긴팔 셔츠에 재킷을 입고 다닌다. 사상 최고의 폭염이 정점을 찍은 정말 지독하게도 더운 8월의 어느 날이었다. 고객과의 미팅이 있어 사람들로 붐비는 로데오거리를 가게 되었다. 약속 장소인 커피숍에는 마땅한 주차 공간이 없었다. 멀리 유료 주차장까지 가서 차를 주차한 후 꽤 긴 거리를 더위에 헉헉거리며 걸어야 했다.

겨우 커피숍에 도착한 후 아이스 아메리카노를 한 잔 시켜 벌컥벌컥 들이켰다. 너무 더웠던 탓에 급하게 마시다 보니 얼음 하나가 옆으로 삐져나오며 나도 모르게 그만 커피를 셔츠에 잔뜩 쏟고 말았다. '아, 짜증 나!' 정말 머리끝까지 짜증이 밀려왔다. 가뜩이나 흰 셔츠를 입어 쉽게 지워질 것 같지도 않았다. 다행히 미팅 시간이 조금 넉넉하게 남아 있었던 덕에 얼른 새로 셔츠를 하나 사서 갈아입으면 될 것 같았다.

또다시 폭염 속으로 나가 셔츠를 사러 돌아다녔다. 로데오거리인지라 운 좋게 의류매장들이 가득했다. 그중 한 매장으로 들어섰다.

"어서 오세요. 뭐 찾으시는 거 있으세요?"
"셔츠 좀 볼게요."
"네. 셔츠는 이쪽에 있습니다. 천천히 둘러보세요."

직원이 친절한 말투로 나를 안내했다. 그런데 나는 모든 슈트를 맞춤으로만 입기 때문에 기성복을 입어본 적이 거의 없었다. 도통 마음에 드는 옷을 찾을 수 없었다. 온통 유행만을 쫓는 트렌디한 셔츠들뿐이었다. 그렇게 폭염과 싸우며 두 곳을 더 방문했지만 결국 셔츠를 구입하지 못했다. 그리고 세 번째로 옷을 사러 매장에 들어갔다.

"어서 오세요. 밖에 진짜 덥죠?"

"네. 정말 덥네요."

"땀나시는 것 봐요. 이걸로 좀 닦으세요."

"더운데 시원한 것 좀 드릴까요?"

"네. 한 잔 주시면 고맙죠."

"이렇게 한여름에도 매일 슈트를 입으세요?"

"네. 일 때문에 안 입을 수가 없어요."

"진짜 더우시겠네요. 그러면 조금이라도 더 시원하실 수 있도록 요새 새로 나온 시원한 소재의 쿨 셔츠 추천해드릴게요."

"네. 한번 보여주세요."

뭐 이미 모두 예상했겠지만 나는 이 매장에서 셔츠를 구입했다. 이 직원은 다른 매장의 직원들과는 확실히 달랐다. 달라도 너무 많이 달랐다. 내가 지금까지 우연히 만나 본 사람 중 다섯 손가락 안에 드는 최고의 화법을 구사하는 직원이었다.

멋진 슈트보다
그 슈트를 입었을 때
훨씬 근사하게 보일
고객에게 초점을 맞춰라.

톱클래스 영업자의 시선은
언제나 상품이 아닌 고객을 좇는다!

모든 의류매장의 직원들이 나에게 옷을 둘러보라고 했다. 어떤 옷을 찾느냐고 물었다. 어쩌면 당연한 말이다. 의류 매장에 온 사람이라면 당연히 옷을 보러 왔을 터, 옷에 대해 물어보고 말하는 것이 가장 본질에 충실했을지도 모른다.

하지만 이 직원은 나에게 초점을 맞춰주었다. 더운 날씨를 뚫고 매장으로 들어온 나를 신경 써주었고 몇 방울 나지도 않은 나의 땀을 보아주었다. 그리고 더운 날씨에도 정장을 입고 다니는 나를 위해 쿨 셔츠를 골라주었다. 나에게 초점을 맞추면서도 너무나 자연스럽게 자신이 판매하고자 하는 상품으로 시선과 생각을 이동시켰다. 그것도 고객을 위한다는 명분으로 말이다.

당신은 어떤 영업자인가? 혹시 혼자서 가거나 고객을 억지로 끌고 가려고 하고 있진 않은가? 흔한 99퍼센트의 영업자가 아닌 상위 1퍼센트의 영업자가 되고 싶다면 고객과 함께 가라. 누구나 다 알지만 누구도 제대로 실행하지 않는 것이기도 하다. 하지만 함께 가야 더 멀리 갈 수 있다. 톱클래스의 영업자가 되고 싶다면 제품이 빛나게 하지 말고 고객을 빛나게 하라.

영업대장 안규호의 '이것만은 기억하라'

☑ 영업의 쩐내, 즉 세일즈의 냄새를 빼라. 머릿속에 팔려고만 하는 생각으로 가득 차 있으면 고객은 금세 그것을 알아차린다.

권위자의 말을 활용하라

앞 장에서도 이야기했듯이 우리는 의사, 변호사, 약사 등등 전문가들의 말에 아주 순종적이다. 의사들이 주사를 맞으라고 하면 무슨 주사인지도 모르고 그냥 맞는다. 약을 먹으라고 하면 그 약이 무슨 성분인지 묻지도 않고 그냥 먹는다. 그냥 시키는 대로 고분고분 순종할 뿐이다. 게다가 공짜도 아니다. 모든 비용은 고객이 부담한다. 의사가 갑이고 환자가 을인 셈이다. 비단 이것이 병원에서만 있는 일일까? 아니다. 찾아보면 갑처럼 행동하는 영업자들은 수도 없이 많다.

과거에 사업을 시작하며 처음으로 대출을 받으러 은행에

방문한 적이 있었다. 당시에 나는 그 은행을 주로 거래하는 고객이었고 안정적인 사업체와 충분한 소득, 신용도를 지니고 있었다. 어느 은행을 가더라도 충분히 환영받을 만한 고객이었다. 하지만 당시에는 이런 부분을 전혀 모르다 보니 늘 은행 직원에게 고분고분했다.

대출을 해준, 아니, 정확히 이야기하면 대출 신청서 작성을 도와준 그 은행 직원이 얼마나 고마웠는지 모른다. 내가 지금 무슨 약관에 동의하고 있는지도 모른 채 그냥 시키는 대로 사인하라면 사인하고 체크하라고 하면 체크했다. 대출을 받으며 가장 중요한 건 금리인데 금리가 몇 퍼센트인지 다른 시중은행의 금리와는 어떤 차이가 있는지 묻지도 않았다. 시키는 대로 그 은행원의 명을 기다렸다.

"젊은 나이에 이렇게 사업을 하시니 대단하시네요."

"아, 감사합니다."

"그런데 사업을 하시면 수익이 들쑥날쑥하니 적금 하나 정도는 들어놓으시는 게 좋아요. 그리고 사업자 카드도 지금 쓰시는 것보다 좋은 것이 나왔으니 하나 더 발급하시구요."

대출을 받으며 카드에 적금까지, 권유하는 것은 모두 가입했다. 그를 갑이라고 여겼고 나에게 도움을 주는 전문가라고 생각했기에 가능한 일이었다. 권위자나 전문가가 하는 말의 힘은 늘 강력하다. 권위나 지위에서 먼 사람들일수록 그들을 동경하고 그들에게 복종한다. 권위나 지위가 높을수록 그들의 말은 절대적인 힘을 가진다.

하루는 한 친구 녀석이 술을 한잔하자고 해서 나갔다. 특별한 이야기는 하지 않았지만 얼굴을 보니 세상 모든 아픔과 슬픔, 좌절을 혼자 다 지니고 있는 얼굴이었다. 누가 봐도 '아, 이 사람은 죽기 직전의 사람이구나.'라는 느낌이 들었다. 도대체 무슨 일이냐며 친구 녀석에게 물었다.

"규호야, 나 자살할까 봐. 나 2억 날렸어."

"어쩌다가?"

이 친구는 오랫동안 재테크 수단으로 주식을 하고 있었고 꽤 괜찮은 수익률을 올리고 있었다. 수익률이 좋을 때는 몇 천만 원도 벌었다며 기분 좋게 술을 사곤 했다. 친구는 주식 공부와 정보를 얻기 위해 이른바 주식 전문가라는 사람들이 운영하는 여러 사이트에 유료회원으로 가입했고 매달 많은 금액을 지출했다. 그리고 그 사이트에서 얻은 정보를 바탕으로 분석하고 판단해서 여러 종목에 분산투자를 했고 덕분에 몇 년 동안 아주 높은 수익률을 거두었다.

그런데 유독 한 사이트의 운영자가 제공하는 정보의 덕을 많이 보았다. 그러다 보니 친구는 그 운영자를 최고의 전문가로 인식했고, 점차 맹신했다. 그 사람의 말 한마디에 자신도 모르게 그동안 모았던 모든 돈과 대출까지 1억을 받아 총 2억을 한 종목에 올인했다가 사달이 난 것이다. 리스크가 많아 평소에는 절대 투자하지 않았을 종목이었지만 그때만큼은 뭐에 씌었는지 그렇지 못했다.

'설마, 전문가인데, 확실하겠지. 별일 있겠어.'

결국 그 주식은 몇 개월 뒤 모두 휴짓조각이 되어버렸고 그 친구에게 남겨진 건 다시는 주식을 하지 않겠다는 교훈과 대출빚 1억뿐이었다. 친구가 몇 년 동안 지켜왔던 분산투자와 위험한 주식은 사지 않겠다는 신념이 믿었던 전문가의 말 한마디에 무너져버린 것이다.

전문가의 말은 이성이라는 최후의 보루마저 무너지게 할 만큼 강력하고 절대적인 힘을 가진다. 영업자가 '갑'이 되는 영업을 하고 싶다면 반드시 전문가가 되어야 하는 이유이다. '을'이 되어 고객에게 부탁하고 실적을 구걸하는 것은 하수의 길이다. 전문가로 포지셔닝하고 프로페셔널하게 말하고 행동해야 역으로 고객이 따른다. 한번은 강의에서 이런 얘기를 했더니 이런 반문이 돌아왔다.

"전문가가 아닌데 어떻게 전문가로 포지셔닝을 하죠?"

"그럼 선생님께서는 하시는 분야에서 고객보다 지식이 없으신가요?"

"아니요."

"그럼 됐네요. 지금보다 꾸준하게 조금만 더 공부하시면 되겠네요. 선생님은 이미 전문가십니다."

만약 당신이 일하고 있는 분야에서 고객보다 전문지식이 없다면 다른 일을 찾는 것 말고는 답이 없다. 그런 영업자라면 빨리 그만두는 것이 정답이다. 고객을 압도하고 그들을 이끌 수 있는 지식은 있는데 영업이 안 된다면 제대로 표현할 수 있는 스킬을 공부하라. 영양가 있는 최신 정보를 습득하는 일만큼 그것을 표현하는 방법 역시 중요하다.

특히 지금 당신이 고객 앞에서 이런 표현들을 쓰고 있다면 반드시 고쳐야 한다.

"글쎄요, 아마도…."

"확실하진 않지만, 내 말이 틀릴 수도 있지만…."

"매우, 엄청, 너무…."

"아닙니다. 제가 뭐 한 게 있나요. 제가 아는 게 있나요. 아직 부족합니다."

첫 번째는 주저하는 표현, 두 번째는 메시지에 자신 없어 하는 뉘앙스, 세 번째는 과도한 수식, 네 번째는 지나친 겸손의 표현이다. 이런 표현은 현장 영업자들이 습관적으로 가장 많이 사용하는 말들이다. 하지만 이는 제품은 물론 본인의 가치까지 떨어뜨린다. 이 표현이 당신의 매출을 갉아먹고 있음을 기억하라.

지금 당신의 고객에게 습관적으로 어떤 말을 하고 있는지 돌이켜보라. 고객 앞에서 자신감 없는 단어를 사용하고 있진 않은가? 너무 과장되고 부담스러운 표현들을 사용하고 있진 않은가? 겸손이라는 이름으로 과도하게 자신을 낮추고 있진 않은가? 자신을 만드는 것은 자신 스스로의 몫이다. 자신을 최고의 전문가로 만들고 그에 걸맞게 말하고 행동하라. 중저음에 낮지만 힘 있는 목소리로 고객에게 지시하고 코칭하라. 잊지 마라. 전문가, 권위자의 한마디는 많은 사람들을 움직이는 절대적인 힘을 가지고 있음을 말이다.

영업대장 안규호의 '이것만은 기억하라'

☑️ 지금 당신은 고객 앞에서 어떻게 말하고 있는가? 주저하거나 지나치게 겸손하진 않은가? 자신을 최고라고 믿고 자신감 있게 행동하라.

자녀교육과 세일즈는
한 길로 통한다

　여성들의 비약적 사회 진출이 세일즈 분야라고 예외는 아니다. 더욱이 내가 겪어왔던 영업 조직들에서는 항상 여성들이 1등을 차지했다. 보험, 캐피탈, 휴대폰, 카드 모두 마찬가지였다. 그것도 아이들을 키우면서 일하는 워킹맘이었다. 워킹맘 직원들은 육아 때문에 온전히 회사 일에만 집중하기가 쉽지 않은데도 불구하고 항상 초인적인 능력을 발휘한다. 진심으로 존경한다. 그래서 지금도 늘 현장에서 열심히 뛰고 있는 슈퍼맘들에게 존경을 표한다.

　그런데 여기서 드는 의문이 있다. 왜 남성 직원들은 여성 직원들의 영업력을 따라가지 못하는 경우가 많을까? 나는 영업이라는 속성이 남성보다 여성에게 최적화되어 있다고 생각한다. 여성은 꼼꼼하고 세밀한 것은 물론 남성들처럼 쉽게 타버리고 꺼지지도 않는다. 또한 욱하는 성질로 일을 잘 그르치지도 않는다. 무엇보다 가장 큰 강점은 바로 고객에게 어떻게 말해야 하는지를 본능적으로 알고 냉정함을 유지한다는 것이다. 나는 남성을 비하하고 여성만 잘한다라는 말을 하고 싶은 게 아니다. 영업의 속성이 여성성과 궁합이 잘 맞고, 또 좋은 영업자라면 그 부분을 주목해야 한다는 것을 말하고 싶은 것이다.

나는 고객이란 본질적으로 어린아이와 같다고 생각한다. 심통도 잘 부리고 듣고 싶은 말만 듣고 기억한다. 게다가 의사소통을 하기도 참 쉽지 않다. 가끔은 한 대 콕 쥐어박고 싶을 때도 많다. 무엇보다 고객이 아무리 이것저것 많은 정보를 알고 있다고 하더라도 결국 현직에 종사하고 있는 영업사원보다 많이 알 수는 없다. 모르는 게 더 많다는 것이다.

만약 어른과 아이가 대화를 나눈다면 누가 누구에게 맞춰서 이야기를 해야 할까? 당연히 어른이 아이의 눈높이에 맞춰서 이야기를 해주고 이해를 시켜줘야 한다. 그런 점에서 고객은 어린아이다. 현실적으로 양육의 많은 부분을 감당하고 있는 워킹맘이 남성 영업사원보다 유리한 것은 어찌 보면 당연한 일일지도 모른다.

나는 두 남자아이를 키우는 아빠로서 비교적 육아에 관심이 많은 편이다. 그래서 틈틈이 시간이 날 때마다 육아에 관한 책이나 각종 정보도 주의 깊게 본다. 우리 첫째 녀석은 나를 닮아서인지 아주 고집이 세다. 자기가 한 번 하겠다고 생각한 것은 어떻게든 하려고 안달이다. 울고불고 떼쓰고 아주 난리도 아니다. 그래서 아이를 설득하는 방법에 대해 알아보다가 아주 재미있는 사실을 발견하게 되었다. 아이를 설득하는 방법이 결국 어른을 설득하는 방법과 동일하다는 것이다. 사람은 다 똑같지 않겠나. 내가 꼭 필요하다고 생각되어 휴대폰에 저장해두고 공부했던 10가지 방법을 소개하겠다.

첫 번째, 아이의 눈을 맞추며 이야기를 들어주어라.

두 번째, 아이의 마음을 읽고 이해해주어라.

세 번째, 아이가 진정됐다면 부모가 감당해야 할 불편함을 솔직하게 말하라.

네 번째, 아이에게 양자택일의 선택권을 주어라.

다섯 번째, 공손한 화법으로 말하지 마라.

여섯 번째, 표정과 몸짓으로 말하라.

일곱 번째, 왜 그래야 하는지 정당한 이유를 알기 쉽고 자세히 설명해주어라.

여덟 번째, 안 되는 것은 단호하게 말하라.

아홉 번째, 잠시 생각할 시간을 주어라.

열 번째, 아이의 머릿속에 그림이 그려지도록 생생하게 말해
주어라.

이 10가지 방법을 보면서 느껴지는 것이 없는가? 맞다. 고
객을 설득할 때 필요한 태도와 같다. 이 방법만 정확하게 기억
한다면 당신은 설득의 귀재로 다시 태어날 것이다. 나는 아이를
설득하는 방법을 공부하며 영업 조직의 톱클래스는 왜 남자들
보다 여자들이 많은지 그 궁금증 일부를 해소할 수 있었다.

당신이 고객을 제대로 설득하고 싶다면, 이 10가지 방법을
응용해 멘트를 해보길 바란다. 특히 열 번째 방법인, 고객의 머
릿속에 그림이 그려지도록 생생하게 말하는 것은 반드시 기억
해야 한다. 판매를 위한 기본 중에 기본은 상품이 아니라 고객
이라고 말했다. 고객에게 초점을 맞춰야 한다. 모든 대화의 중
심이 고객을 향할 때 판매는 성공하게 되어 있다.

고객의 머릿속에 무엇을 생생하게 그려 넣어야 할까? 제
품? 아니다. 제품의 성능이나 특징 그 자체를 구구절절 설명하
는 건 의미 없다. 오히려 고객이 제품을 사용했을 때 어떤 변화
를 얻을 수 있는지, 직접 보고 듣고 느끼고 상상할 수 있도록 생
생하게 설명하는 게 중요하다. 고객의 머릿속에 각인시켜야 할

이미지는 바로 그런 것이다. 이미지메이킹을 위한 명쾌한 한마디가 백 마디의 제품 설명보다 훨씬 효과적이다.

당신이 판매하려는 제품이 고급 승용차라고 가정하자. 어떤 멘트로 고객의 마음을 사로잡아야 할까? 보닛을 열고 엔진과 마력의 성능이 얼마나 뛰어난지 설명하는 것일까? 아니다. 비슷한 수준의 차와 비교했을 때 얼마나 가격 경쟁력이 있는지, 코너링이 얼마나 부드럽게 되는지 설명하는 것일까? 아니다. 당신은 자동차 자체를 설명할 필요가 전혀 없다.

고객이 이 차의 운전대를 잡고 시동을 걸었을 때 들리는 웅장한 소리, 힘껏 액셀을 밟으며 달릴 때의 짜릿한 속도감, 그 순간 창밖에서 불어오는 상쾌한 바람, 이 모든 것이 어우러졌을 때 고객이 느끼게 될 쾌감에 대해 설명하면 된다.

자동차에서 내렸을 때 따라오는 사람들의 부러운 시선, 기뻐하며 웃는 아내의 모습, 안락한 뒷좌석에 편안하게 잠들어 새근새근 숨소리를 내는 아이들의 모습을 상상하게 하고 느끼게 만들면 된다. 그 순간 고객은 당신의 말을 더 듣지도 않고 자동차를 계약할 것이다.

당신이 아파트를 판매하고 있다면 또 어떨까? 고객이 집을 예쁘게 꾸미고 사는 모습을 상상하게 하라. 힘든 하루를 마치고 집에 돌아왔을 때 깔끔하고 예쁘게 정돈된 집 안의 인테리어와 편안함, 따뜻한 온기를 설명하라. 그리고 세상에서 가장 행복한 얼굴을 하고 마음껏 뛰어놀고 있는 아이들의 모습, 주방에서 맛있는 냄새를 풍기며 즐거운 모습으로 요리하고 있는 아름다운 아내의 모습을 그려주어라.

고객이 가진 모든 감각을 깨워라. 감각을 자극하는 멘트로 고객의 마음을 사로잡아라. 한번 고객의 머릿속에 심어진 이미지는 절대 쉽게 사라지지 않는다. 그 생생한 이미지가 실제로 가지고 싶고 느끼고 싶은 것이라면 고객의 구매 욕구는 더욱 간절해질 것이다. 고객을 상상하게 하고 오감을 자극하게 하는 멘트, 그 한마디가 세일즈의 격을 바꿀 것이다.

영업대장 안규호의 '이것만은 기억하라'

☑ 고객의 머릿속에 각인시켜야 할 것은 제품의 성능이 아니다. 그 제품을 사용하고 나서 만족해하는 고객의 모습 그 자체다.

단가를 올리는 언어의 비밀

당신은 지금 당신의 비즈니스가 앞으로 어떤 방향으로 나아가길 원하는가? 박리다매로 푼돈만 남기며 팔아치우고 싶은가 아니면 하이엔드 전략으로 많은 이윤을 남기며 판매하고 싶은가? 당신도 마찬가지겠지만 나는 박리다매의 판매 방식을 절대적으로 반대하는 입장이다.

'적은 이윤을 남기더라도 고객에게 더 많은 혜택을 주며 더 많이 판매하겠다.'

이 방법은 우리 같은 1인 기업가에게는 사실상 매우 어려운 일이다. 모든 것을 스스로 해야 하며 정해진 시간도 한정적이기 때문이다. 적은 이윤을 남기면 더 많이 팔릴 것 같지만 오히려 이윤만 줄어들고 몸만 더 힘들어질 뿐이다.

20대 중반에 이탈리안 레스토랑을 창업한 적이 있다. 120평 규모의 넓은 매장이었기 때문에 많은 인원을 수용할 수 있었고 번화가의 가장 중심에 위치해 목도 좋았다. 다만 프랜차이즈 대형 레스토랑들과 경쟁을 피할 수 없었다.

살아남기 위해 파격적인 가격의 콘셉트로 레스토랑을 창업했다. 20대 중반에 한 번의 영업과 창업의 성공으로 자신감이 넘치던 나는 그냥저냥 잘되는 레스토랑의 사장이고 싶지 않았다. 모두에게 동경받는 성공한 창업가가 되고 싶었다. 그래서 경쟁사들이 쉽게 따라올 수 없는 스테이크 5,900원이라는 아주 파격적인 최저가를 콘셉트로 내세웠다. 대부분의 스테이크나 파스타가 1만 원을 채 넘지 않았다.

결과는 대성공이었고 아주 만족스러웠다. 오픈하자마자 오픈 효과와 더불어 입소문까지 나게 되어 별다른 광고 한 번 없이도 매장은 항상 손님들로 문전성시를 이루었다.

저녁시간과 주말에는 120평 규모의 매장에 손님들이 꽉 들어차고 20분 이상의 웨이팅은 기본이었다. 매일이 정말 전쟁을 치루는 것 같았고 퇴근을 하고 나면 온몸이 부서지는 것 같았지만 이 세상 누구보다 행복했다. 그 행복감이 피곤함의 결핍을 채워주었다.

'역시 나는 해낼 줄 알았어. 나의 성공신화는 이제부터 시작이다.'

나는 내가 대견했고, 나 자신을 칭찬했다. 그러나 두 달, 세 달이 지나고 나자 서서히 뭔가 잘못된 것 같다는 느낌, 이건 아닌 것 같다는 생각이 들기 시작했다.

창업하는 사람이라면 누구나 그렇겠지만 나 역시 첫 요식업의 도전이었고 게다가 꽤 큰 규모의 이탈리안 레스토랑을 차리다 보니 여러 가지로 욕심이 났다. 인테리어부터 식기류까지 계속해서 좋은 것, 더 좋은 것을 갖추다 보니 창업비용이 애초 계획보다 훨씬 초과했다. 꽤 많은 대출을 받게 되었고 연 30퍼센트 이상의 사채까지 끌어다가 썼다. 이로 인해 매월 발생하는 이자비용이 만만치 않았다.

거기에 너무 분위기에만 신경을 쓰다 보니 정작 중요한 직원들의 동선을 고려하지 않은 인테리어를 하게 되었다. 가뜩이나 매장도 큰 데다가 동선까지 길어 손님 수에 비해 너무 많은 직원이 필요했다. 매월 매출은 8,000~9,000만 원이 나왔지만 정산을 하고 나면 매출에 비해 정작 손에 쥐는 돈은 턱없이 적었다.

돈도 돈이지만 이건 너무 힘들어서 내가 일하다 죽겠다는 생각까지 들 정도였다. 긴 동선과 북적이는 손님들로 매일매일 몸살이 날 것만 같았다. 사장이 이 정도로 힘들어하니 직원들은 오죽했을까! 주방, 홀 할 것 없이 직원이나 아르바이트생들은 며칠 만에 그만두기 일쑤였고 남아 있는 직원들도 항상 힘들다 며 월급 인상과 더 많은 직원을 충원해줄 것을 요구했다.

감당하기 힘든 고단한 노동, 매월 쥐어지는 얼마 되지 않는 수익, 많은 손님들과 직원들로 인한 스트레스…. 나의 첫 요식 업 도전은 정말이지 고통의 시작이자 고통의 연속이었다. 이후 로 나는 단 한 번도 가격으로 승부하는 박리다매 비즈니스를 하 지 않았다.

나는 내 인생의 가장 힘들고 처참한 시기에 보험 영업을 택 했다. 주머니와 통장에 달랑 1만 원짜리 한 장이 없어 당장 끼 니를 걱정해야 하는 상황에서도 알량한 자존심에 죽으면 죽었 지 지인들에게 보험 영업을 할 자신이 없었다.

그래서 남들과는 다른 방법을 택했다. 지인 영업을 일체 하 지 않는 대신 기업을 상대할 수 있도록 경영 컨설팅을 공부했고 기업가들, 이른바 VIP만을 상대하는 영업을 했다. 덕분에 나는 3년 만에 3억에 가까운 빚을 모두 청산할 수 있었고 이후 연봉 10억이 넘는 톱클래스 영업자 반열에 오를 수 있었다.

지금은 많은 영업인들이 나에게 찾아와 코칭을 부탁한다. 그런데 그중에는 억대 연봉을 받는 영업자들도 꽤 많다. 한번은 보험회사에서 MDRT라는 타이틀을 7년 연속 받으신 분이 찾아오셨다. 저가형 보험을 주력으로 판매해 MDRT에 오른 그분의 이야기는 이랬다.

"나 더 이상 힘들어서 못하겠어요. 좀 도와줘요."

현재 자신이 관리하는 고객이 3,000명이 넘다 보니 하루에 4시간 이상 자는 날이 없고 너무 바쁘고 힘에 부친다는 것이다. 코칭이 진행되는 몇 주 동안 그 수강생의 전화기는 쉬지 않고 울려댔다. 연봉으로 따지면 나의 반의 반도 되지 않았지만 업무량은 나의 2배 이상이었다. 이 경우 처음에는 버틸 수 있지만 사람은 기계가 아니다. 언젠가는 한계에 도달한다. 당신이 진정한 영업 고수가 되고 싶다면 고객 한 분, 한 분에게 더 많은 이득과 가치를 선물해주면서도 당신은 더 많은 수익을 얻을 수 있어야 한다.

이때 앵커링 효과가 당신에게 많은 도움을 줄 것이다. 앵커링 효과는 배가 닻을 내리면 닻과 배를 연결한 밧줄의 범위 내에서만 닻을 움직일 수 있듯이 처음에 인상적이었던 숫자나 사물이 기준점이 되어 그 후 판단에 큰 영향을 끼친다는 것을 말한다. 쉽게 말해 처음 당신이 고객에게 제시한 가격의 범위 내에서 계약이 이루어진다는 것이다. 고객들은 언제나 자신에게 더 이득이 되는 합리적인 소비를 하려고 하기 때문에 가격을 깎으려고 한다. 그리고 판매자와 가격이 흥정되었을 때 굉장히 만족해한다. 영업자가 미리 고객에게 깎아줄 것을 예상하고 더 높은 가격을 제시하는 것도 바로 그 이유다.

당신이 팔고 싶은 가격이 100만 원이라면 당당하게 200만 원을 제시하라. 그래야 당신이 원하는 가격에 판매가 가능해진다. 대형마트에서 세일을 할 때 꼭 기존의 가격을 적어놓고 세일가를 적어놓는 것과 같은 이치라고 생각하면 된다. 당신이 최고의 영업자, 톱클래스의 영업자가 되고 싶다면 고객에게 어떤 가치를, 어떤 이득을 줄 것인지 먼저 생각하라. 그리고 그에 합당한 가격을 어떻게 받아낼 것인지 연구하라.

'이 가격에 판매가 될까, 너무 비싸다고 확 돌아서버리면 어쩌지, 너무 비싼 것 같아 말이 안 나오네.'

주눅 들지 말고 고객에게 먼저 당당하게 가격을 제시하라. 가격의 주도권을 고객에게 주지 마라. 당신이 고객에게 선물하려는 가치를 값싸게 만들지도 말라.

내가 처음 수백만 원짜리 고가의 보험을 판매한다고 했을 때 다른 동료들은 비아냥거렸다.

"그게 쉽니, 되나 봐라."

그러나 나는 가능하다고 확신했다. 또 그렇게 만들기 위해서 노력했다. 꿈은 이루어졌다. 당신이 판매하는 것이 절대 비싸다고 생각하지 말고 위축되지도 말라. 고객에게 더 높은 가격을 당당하게 제시해라. 그 가격이 곧 당신이 고객에게 선물하는 가치이다. 그리고 당신을 더 높은 가치를 지닌 사람으로, 더 부자로 만들어줄 것이다.

영업대장 안규호의 '이것만은 기억하라'

☑ 고객은 언제나 제시한 가격을 깎고 싶어 한다. 합당한 가격을 받고 싶다면 먼저 높은 가격을 제시하고 가격 흥정을 통해 고객 만족을 높이는 것도 방법이다.

가장 많은 고객이 선택하는 상품

낚시, 좋아하는가? 많은 사람이 한 번쯤은 낚시를 해보았을 것이고 직접 해보지는 않았더라도 대략 어떻게 하는지 정도는 알고 있을 것이다. 혹시 낚시를 하면서 미끼 없이 낚시하는 사람을 본 적이 있는가? 세월을 낚고 싶어 기다리는 강태공이 아니라면 미끼 없이 낚시하는 정신 나간 사람은 없을 것이다. 간혹 가짜 미끼를 쓰기도 하지만 엄밀한 의미로는 그것도 미끼고, 미끼 없이는 물고기를 잡는 것은 힘든 일이 아니라 불가능하다.

영업도 마찬가지다. 한 번쯤 미끼 상품 때문에 필요하지도 않은 상품을 구매해본 적 있지 않은가? 미끼 없이 고객을 잡으려고 하는 건 공 없이 축구 경기를 뛰겠다는 것과 다름없다. 고객을 끌어당길 수 있는 미끼가 있어야 한다. 좋은 미끼가 비즈니스의 성패를 좌우한다.

아내가 임신했을 때 함께 산부인과를 다닌 적이 있었다. 산부인과에서는 병원과 제휴를 맺은 스튜디오가 있으니 부부들을 위한 서비스로 만삭 촬영과 아이 50일 촬영을 무료로 해주겠다는 솔깃한 제안을 했다. 대부분의 초보 부모라면 으레 하는 행사였고 사진 촬영하는 것이 꽤 비싸다고 알고 있었는데 병원에서 무료로 해준다니 거부할 이유가 없었다.

얼마 후 스튜디오를 예약했고 촬영을 했다. 그런데 하다 보니 공짜로 번거로운 촬영 서비스를 받는다는 것이 괜히 미안했다. 그 탓에 조금은 주눅이 들어 있었던 것 같다. 그 마음을 아는지 모르는지 모든 직원들은 우리에게 더 친절하게 대해주었고 사진 역시 마음에 들었다. 그리고 50일 촬영도 같은 스튜디오에서 했다. 그런데 50일 촬영이 끝나고 사진을 고를 때쯤 그들의 영업이 시작되었다.

"아이 사진이 너무 예쁘게 나왔어요. 큰 액자 하나 하셔야겠어요."

"액자는 얼마인가요?"

"액자는 저렴하게는 10만 원부터 있고요. 액자만 하실 것이 아니라 앨범도 패키지로 하시면 훨씬 저렴해요. 그리고 이제 100일 사진, 돌 사진 다 촬영하셔야 되잖아요. 저희 쪽에 만삭과 50일 사진은 있으니 추가 패키지로 하시면 훨씬 더 저렴하게 해드릴게요."

이른바 '낚인' 것이다. 그 후 설명이 쏟아졌다. 당시 나는 경제적으로 매우 힘든 상황이었다. 하지만 몇 번의 공짜 사진을 찍으며 가진 미안한 마음과 심리적 위축, 여러 가지 복합적인 감정으로 인해 거부할 수 없는 상황이 연출되었다. 몇 백만 원짜리 패키지가 수두룩했고 결국에는 적당한 가격선인 200만 원짜리 패키지를 결제하고 나서야 스튜디오를 나설 수 있었다.

"여보, 괜찮아. 아이를 위한 건데, 내가 더 열심히 벌면 되지."

아내를 위로했고 자기 합리화를 시작했다. 사실 당시에 경제적 상황이 너무 안 좋아 다른 부부들이 하는 촬영이나 의식들은 하지 않기로 이미 마음먹고 있었다. 그러나 엉뚱하게도 미끼 상품에 끌려 생각했던 것보다 훨씬 더 큰 금액을 지출하고 만 것이다. 스튜디오 영업력의 완벽한 승리였다. 짐작컨대 나만 그렇지는 않았을 것이라 본다.

대한민국 사람 중에 휴대폰을 구입하지 않아본 사람은 없을 것이다. 모든 매장에는 무슨 공짜 폰, 효도 폰 등 매장 전체가 꽉 차도록 공짜 폰 광고들이 붙어 있다. 휴대폰 영업을 시작하기 전에 정작 나는 한 번도 공짜 폰을 사본 적이 없었다. 그런데 나중에 내가 휴대폰 영업을 하게 되면서 고객을 상대하다 보니 나만 그런 것이 아니었다는 것을 알게 되었다. 물론 처음에는 손님들이 공짜 폰을 홍보하는 광고를 보고 매장 안으로 들어온다.

"어서 오세요."

"저, 밖에 붙어 있는 공짜 폰 광고 뭐예요? 한번 보여주세요."

모든 대화는 이렇게 시작한다. 처음 상담은 공짜 폰으로 시작하지만 결국 고객은 다른 휴대폰을 구입해서 나간다. 내 영업 경험상 공짜 폰을 사가는 손님은 거의 없다. 손님이 가장 많이 사가는 것은 공짜 폰도 최신 폰도 아닌 출시된 지 조금 지난, 무난한 가격대의 휴대폰이었다.

가장 비싸거나 가장 싼 제품을 선택하기에는 뭔가 심리적 부담이 된다. 가장 싼 제품을 구입하기에는 싼 게 비지떡이라는 의심이 들고 왠지 너무 없어 보여서 피한다. 그렇다고 또 가장 비싼 제품을 구입하기에는 낭비하는 것 같기도 하고 굳이 제일 비싼 것을 살 필요는 없다는 심리가 작용한다. 대부분의 소비자는 가장 안정적인 중간 가격대의 제품을 선호한다.

음식점을 생각해보자. 당신이 음식 값을 지불해야 하는 식사자리에서 3만 원, 5만 원, 8만 원짜리 코스가 있다. 당신은 어떤 것을 선택하겠는가? 거의 대부분이 5만 원짜리 식사를 선택할 것이다. 중간에 있는 것을 선택하는 것이 가장 무난할 테니 말이다. 주력 상품을 정할 때 이를 참고하면 좋다.

지금부터 당신의 주력 상품이 어떤 것인지 결정하라. 그리고 그 주력 상품을 받쳐줄 미끼 상품을 만들어라. 고객의 호기심과 흥미를 끌어낼 수 있고 부담 없이 접근할 수 있는 그런 상품을 만들어라. 주연이 더욱 빛나기 위해서는 좋은 조연이 필요한 법이다. 잊지 마라. 좋은 미끼가 좋은 고객을 만들어낸다는 사실을.

영업대장 안규호의 '이것만은 기억하라'

☑ 가끔은 좋은 미끼로 고객을 낚을 줄도 알아야 한다. 주력 상품을 정했다면 그 상품을 더욱 빛나게 해줄 미끼 상품을 만들어라.

좋은 미끼가
비즈니스 성패를
좌우한다!

좋은 미끼로
유인할 줄 아는 낚시꾼이
진짜 프로다.

고객이 절대 거부할 수 없는 한마디

"알파벳 B와 D 사이에는 무엇이 있는가! 바로 C가 있다. 인생은 태어나서Birth 죽을 때까지Death 선택Choice 밖에 없다."

믿거나 말거나 프랑스의 대표적인 철학자 사르트르가 했다는 말이다. 사람들은 하루에도 수백 번 선택의 기로에 놓인다. '밥을 먹을까, 말까?' '김밥을 먹을까, 라면을 먹을까?' '엘리베이터를 탈까, 계단으로 갈까?' '버스를 탈까, 지하철을 탈까?' '지금 고객에게 전화를 할까, 말까?'

하지만 무수히 많은 선택과 판단의 기로에서 어떤 것이 더합리적인 선택인지, 다른 변수는 없는지 꼼꼼히 분석하고 생각하기란 현실적으로 불가능하다. 어떤 것은 좀 더 신중하게 대할 수도 있지만, 거의 대부분은 무의식중에 선택할 것이다. 즉 흥적이거나 경험을 바탕으로 습관에 따라 빠르게 판단하는 것이 대부분이다. 논리적 추론보다는 경험적, 직관적 사고 체계를 이용해 빠르게 의사 결정하는 단순화 전략을 훨씬 더 많이 사용한다.

이것은 사람들의 머릿속에 '상식'이라는 것이 존재하기 때문에 가능한 일이다. 익숙하고 당연한 것을 건드려 빠르게 결정을 내릴 수 있도록 하는 것이다. 이것을 바로 '휴리스틱 heuristic'이라고 한다. 우리는 이 기술로 고객이 절대로 거부할 수 없는 부분을 터치하고 빠르게 구매 결정을 내릴 수 있도록 만들어야 한다.

스물아홉 살에 휴대폰 판매 회사에 입사했다. 비록 휴대폰에 대해서는 전혀 무지한 기계치였지만 전국 체인의 통신회사에서 2등을 했고 두 달째부터는 계속 1등을 차지했다. 게다가 2등과의 판매 대수 차이를 20퍼센트 이상 앞지르며 압도적으로 그 순위를 유지했다. 이러다 보니 회사의 모든 직원과 상사, 회사의 대표님까지도 나의 판매 비법을 궁금해했다. 지인 판매도 하지 않는 직원이 혼자서는 도저히 판매할 수 없는 양을 매달 달성해냈기 때문이다.

내가 다른 직원들이 불가능하다고 말하는 판매량을 올릴 수 있었던 가장 큰 비결은 사실 간단했다. 1명의 손님에게 여러 대를 판매하는 것이다. 1명의 손님이 어떻게 여러 대의 휴대폰을 사갈 수 있을까? 바로 함께 온 사람들을 공략하면 된다.

특히 그중에 내게 최고의 VVIP 손님은 언제나 아이들과 함께 방문하는 부모님들이었다. 한 대의 휴대폰을 판매할 때 보면 기존에 쓰던 휴대폰의 사진이나 전화번호를 옮겨주고 개통하기까지 제법 오랜 시간이 걸린다. 이때 다른 영업자들은 보통 다른 업무에 집중하거나, 다음 고객을 위해 시간을 나눠쓰는 경우가 많다. 그러나 나는 그 시간을 허비하지 않고 오로지 그들만을 공략했다.

"고객님, 1시간 정도 걸릴 것 같아요. 기다리기 지루하실 테니 근처 구경도 좀 하시고 볼일 있으시면 보시고 1시간 후에 오시면 됩니다."

혼자서 방문한 고객이라면 이 방식으로 유도하고 다른 고객들을 상담하거나 다른 업무를 보기도 한다. 하지만 자녀들과 함께 방문한 고객들은 절대 그냥 보내지 않는다.

"어머님, 기다리시는 동안 자녀분 휴대폰 필름 좀 교체해드릴게요. 이리 주세요."

막상 휴대폰을 받아보면 신기하게도 그중 꼭 1명은 심하든 그렇지 않든 액정이 파손되어 있다. 어린 친구들일수록 휴대폰을 험하게 쓰기 때문이다. 그러면 이때부터 나는 두 번째 영업을 시작한다.

"어머님, 따님 휴대폰이 어쩌다 이렇게 깨졌어요?"

"어휴, 말도 마세요. 워낙 험하게 써서 매번 저렇게 깨뜨려요. 애들 건 절대 안 바꿔줄 거니까 말도 꺼내지 마세요."

"어머님, 근데 혹시 집에서 액정 깨진 텔레비전으로 드라마 보세요?"

"아뇨? 그런 집이 어디 있어요."

"애들이 하루 종일 가장 많이 쳐다보는 게 휴대폰인 거는 아시죠? 계속 이렇게 두면 애들 눈 다 버려요. 이거 그냥 두면 애들한테 너무 안 좋을 텐데. 이건 필름만 교체해서는 소용없어요."

이렇게 말하면 거의 절반 이상의 엄마들이 마음을 움직인다. 집에서 깨진 액정으로 텔레비전을 보는 사람이 있을까? 나는 아주 상식적인 예시와 자녀들에 대한 엄마의 사랑을 공략해고객의 마음을 손쉽게 움직일 수 있었다.

"그럼, 제일 싼 거 한 번 보여줘 봐요."

"걱정하지 마세요. 이미 한 대 구입하셨으니까 특별히 더 싸게 드릴게요. 아, 그리고 비록 액정은 깨졌지만 쓰던 휴대폰도 좋은 가격에 처분해서 손해는 하나도 안 보게 해드릴게요. 그리고 다시는 액정 안 깨지게 방탄 필름이랑 케이스도 제일 튼튼한 놈으로 해드릴게요."

이렇게 고객의 위하고 있다는 멘트로 마무리하면 판매는 반드시 성공한다. 정말 재미있는 것은 1명만 추가로 교체하면 함께 온 다른 가족까지 알아서 나선다는 것이다.

"엄마, 나는?"

"여보, 이 집 괜찮네. 하는 김에 다 하자."

자연스럽게 연쇄 반응이 일어나고 특별한 이유가 있지 않는 이상 함께 방문한 가족이 휴대폰을 교체하게 된다. 그럼 나는 다른 영업자들이 하루 종일 팔아도 힘든 판매 대수를 한 번에 해결하고 또 다른 고객들까지 상대하니 당연히 압도적으로 높은 판매량을 낼 수밖에 없는 것이다.

나는 특히 이런 멘트를 익힐 때 홈쇼핑을 교과서처럼 참고했다. A급 쇼호스트들은 고객이 당연히 받아들일 수밖에 없는 상식을 자극한다.

"지금 당신의 사랑하는 부모님에게 한 달에 3만 원 투자하는 것이 아까우신가요? 부모님에게 행복한 미래를 선물하세요."

"사랑하는 가족을 위해 한 달에 1만 원 투자하는 것이 아까우신가요? 이 녹즙기로 온 가족에게 건강을 선물하세요."

누구라도 지금까지 자신을 키워준 부모님에게 한 달에 3만 원을 쓰는 것이, 가족들의 건강을 위해 한 달에 1만 원을 쓰는 것이 아깝다고 말하지는 않을 것이다.

고객이 절대로 거부할 수 없는 한마디를 준비하라. 영업이 마무리가 되어갈 때쯤, 고객이 상식적으로 받아들일 수밖에 없는 킬링 멘트를 날려라. 당신의 그 강력한 한마디에 고객은 마음의 문을 열 것이다. 휴리스틱 기술이야말로 가장 완벽한 클로징 무기가 되어줄 것이다.

영업대장 안규호의 '이것만은 기억하라'

☑ 고객이 절대 거부할 수 없는 상식을 건드려라. 그게 진짜 최고의 영업자가 되는 길이다.

고객의 거절을
승낙으로 되돌리는 기술

"삼겹살 먹으러 가자."

"싫어."

"왜?"

"삼겹살 느끼하잖아. 부담스러워. 간단한 거 먹자."

"여기 새로 생긴 삼겹살 집 있는데 진짜 맛있어. 하나도 안 느끼하니까 일단 먹어봐. 나 믿고 한 번 가자."

"그래. 알았어."

우리가 흔히 일상에서 하는 대화다. 당신이 친한 지인들에게 저녁 메뉴나 여행지, 취미 활동 등 무언가를 권할 때 상대방이 거절한다면 너무나도 당연하게 '왜'라고 묻는다. 도대체 왜 싫은지 궁금한 것도 있지만 이유를 안다면 그 문제점을 해결해 줄 수도 있으니 말이다. 그런데 저녁 메뉴처럼 아주 사소한 것도 상대방이 거절하면 이유를 물어보면서 정작 당신의 경제력을 좌우하고 꿈과 미래가 달린 비즈니스는 왜 그렇게 하지 않는가?

"생각 좀 해보고 연락드릴게요."

"네, 그럼 생각해보시고 연락주세요."

고객이 영업사원의 제안을 거절할 때 가장 많이 사용하는 말이다. 그런데 또 영업사원은 아주 쿨하게 자리에서 일어난다. 고객이 많아서 걱정 없는 영업자가 아니라면 이건 쿨한 게 아니라 그냥 무능한 것이다.

이럴 거면 매번 만날 고객이 없다고, 고객 DB가 부족하다고, 실적이 없다고 죽는 소리를 하지 마라. 고객에게 가서 열심히 설명하다가 생각해보겠다는 고객의 한마디에 획 돌아서서 발걸음을 옮기는 건 분명 문제다. 아니 그보다 애당초 이런 상황을 만들지 않아야 진짜 영업 고수다.

내가 생각하는 가장 이상적인 세일즈 멘트는 애당초 거절할 수 없도록 하는 것이다. 하지만 모든 고객이 영업사원의 제안에 한 번에 'OK' 할 수는 없다. 고객의 숱한 거절은 영업자의 숙명이다. 그렇다고 알겠다고 말하며 포기해서도 안 된다. 고객의 거절을 승낙으로 바꿀 수 있어야 진짜 프로다.

고객의 거절에 한 번만 다시 질문하라. "왜?"라고 말이다. 어떻게든 빙빙 돌려서 다시 설득하려고 여러 얘기하지 말고 한 번에 강한 돌직구를 날려서 고객의 핵심을 꿰뚫어라. 클로징 순간에 적절하게 고객의 마음을 꿰뚫는 핵심 질문은 고객의 거절을 승낙으로 바꿀 수 있다.

고객이 당신의 설명을 열심히 듣고서는 정작 계약서에 사인하는 것을 망설이고 있다. 분명히 계약을 하려는 의지는 있는 것 같은데 망설이고 있다. 이때 당신이라면 어떻게 할 것인가? 하수들은 이 순간이 오면 기회를 놓치지 않기 위해 더 열심히 제품의 장점에 대한 설명을 쏟아낸다.

"고객님, 망설이지 말고 바로 구매하세요. 지금이 최고의 찬스입니다. 이 제품은 이런 점이 좋고 저런 점이 좋고 지금 구매하지 않으시면 후회합니다."

하지만 시답잖은 말로는 고객의 마음을 움직일 수 없다. 클로징의 순간이 왔는데 고객이 망설이고 있다면 고객에게 말하지 말고 질문하라.

"지금 어떤 점이 가장 고민되시는 거예요? 제게 말씀하지 않은 다른 이유라도 있으신 건가요?"

"다 마음에 드는데 가격이 조금 부담스럽네요."

"지금 가격 하나 때문에 망설이시는 건가요? 그럼 가격만

조정해드리면 되는 거죠?"

"네, 맞습니다."

망설이는 고객에게 질문하라. 왜? 도대체 왜? 무얼 고민하고 있고 무엇 때문에 망설이는 거냐고! 고객이 망설이고 거절하려는 진짜 이유를 찾으면 해결책도 찾을 수 있다. 가격적인 부분일 수도 있고 기간이라든지 아니면 진짜 결정권자는 다른 사람이라든지, 고객의 진짜 문제를 알아야 판매에 성공할 수 있다.

고객의 진짜 속마음을 알고 싶다면 '핵심 질문'을 던져라. 고객의 거절에 절대 그냥 일어서지 마라. 고객의 거절은 진짜 거절이 아닐 수도 있다. 더군다나 우리나라 사람들은 의심도 많고 한번쯤 튕기는 것을 예의로 삼는 민족이기에 더더욱 그렇다. 고객의 생각해보겠다는 말에 절대로 그냥 일어나지 마라.

"고객님, 지금 정확히 어떤 부분을 더 생각해보고 싶으신 건가요? 어떤 점이 고객님을 고민하게 만드는 거죠?"

당신이 이렇게 질문한다면 대부분의 고객은 당신에게 진짜 속마음을 털어놓을 것이다. 사실은 타사의 제품하고 비교 중인데 고민이 된다든지 아니면 가격 문제, 성능 문제 등 구매를 망설이는 진짜 이유를 이야기할 것이다.

구구절절 설명할 필요가 없다.
딱 한 번만
고객에게 훅을 날려라.

진짜 속마음을 이야기해달라는
강력한 돌직구 한 방이
고객의 마음을 끌어당기는 키가 된다.

당신이 그 부분을 집중적으로 해결해주면 문제는 간단히 해결된다. 세상에 할 일 없어서 남의 이야기, 그것도 영업자의 이야기를 듣고 있는 고객은 없다. 고객이 당신의 이야기를 듣고 있다면 그것은 분명 어떠한 부분에 있어서 호감이 있다는 것을 방증한다. 그런데도 마지막 구매를 망설이고 있다면 고객은 당신에게 이렇게 말하고 싶은 것일지도 모른다.

"내 선택이 최고의 선택이라는 확신을 주세요. 이 부분이 마음에 걸려요. 이걸 좀 해결해주세요. 내 고민을 해결해주세요!"

당신이 진짜 영업의 고수가 되고 싶다면 고객의 고민을 해결해주어라. 고객의 거절은 진짜 거절이 아니다. 그리고 고객의 거절을 다시 승낙으로 바꿀 수 있어야 진정한 고수다. 고객의 거절에 절대 그냥 일어서지 마라. 그리고 질문하라. "왜?"라고 말이다. 이 핵심 질문 하나가 당신의 매출을 바꿔줄 것이다.

영업대장 안규호의 '이것만은 기억하라'

☑ 고객의 마음을 얻고 싶어 할 때는 언제고 왜 생각해보겠다는 한마디에 돌아서는가? 망설이는 진짜 이유를 제대로 물어라. 그것만 해결하면 고객을 얻을 수 있다.

공짜도 그냥 주면 사기꾼이 된다

당신이 길을 가고 있는데 연예인처럼 예쁜 여자가 나타나 다짜고짜 당신에게 묻는다.

"저랑 차 한잔하시겠어요?"

"그래요. 좋아요. 지금 당장 가죠."

예쁜 여자를 싫어하는 남자란 이 세상에 없다. 하지만 아무리 그래도 여자의 질문에 저렇게 답하는 남자는 없을 것이다. 이유 없이 그럴 리가 없다는 생각이 먼저 들기 때문이다. 아마도 정상적인 사람이라면 '뭐지, 미친 여자인가? 아니면 사이비 종교나 납치하려는 건가?' 의심하며 가던 길을 갈 것이다.

그런데 이 여성이 그동안 SNS를 통해서 당신을 지켜봐왔다거나 당신의 지인 이름을 말하며 소개받아서 당신을 알고 있었다고 한다면? 꼭 한 번 만나고 싶었다고 말한다면?

상황은 전혀 달라진다. 경계심이 눈 녹듯 사라진다. 왜? 바로 움직일 수 있는 명분이 생겼기 때문이다. 이렇듯 세상 모든 일에는 합당한 명분이 필요하다. 우리는 하다못해 거리에서 처음 보는 낯선 사람에게 휴대폰을 한번 빌리려고 해도 자신이 왜 지금 이것을 빌리려고 하는지 이유를 이야기하려고 한다. 그런데 영업을 하면서는 왜 그렇게 하지 않는가? 작게는 몇 만 원에서 많게는 몇 백, 몇 천만 원짜리 계약을 하면서 고객에게 아무런 명분도 없이 말 폭탄을 앞세워 무작정 설득하려고만 한다.

예전에 내 사업장으로 카드 영업자가 찾아온 적이 있었다. 젊은 여성분이 대뜸 사무실 문을 열고는 "안녕하세요, ○○카드에서 나왔습니다. 사장님 계신가요?"라고 자기소개를 하며 쑥 들어오는 것이다. 직원들이 어떻게 오셨냐며 제지를 하려고 했지만 같은 영업인에 대한 예의랄까? 잠시 그 영업사원의 이야기를 들어주기로 했다.

"사장님, 부가세 환급률이 좋은 카드가 있습니다. 이러이러한 혜택이 많으니 지금 발급받아보세요."

프리미엄 카드의 여러 가지 혜택과 부가세에 관해 이야기하며 카드를 발급받으라는 것이었다. 마음속으로는 살짝 고민이 됐다. 젊은 분이 열심히 하는데 그냥 하나 만들어줄까도 싶었다. 사업자 카드를 팔고 있지만 세금 문제는 잘 모르는 것 같고 이렇게 무작정 돌아다녀 봐야 실적 내기는 힘들어 보였다. 안타까운 마음에 이야기를 들으며 고민하던 차에 그 영업사원이 내게 클로징 멘트를 날렸다.

"사장님, 지금 하시면 제가 이거 연회비 20만 원짜리인데 대신 내드릴게요."

'뭐지, 20만 원을 대신 내주겠다고?'

아무런 이유도 없었다. 결국 나는 생각 좀 해보겠다는 말로 영업사원을 돌려보냈고 그녀는 매우 아쉬워하며 자리를 떴다. 영업하는 입장에서 연회비를 대신 내준다는 것이 어떤 의미인지 안다. 아마도 자신의 수당에서 떼어 대신 내주겠다는 것인데, 알면서도 한편으로는 이런 생각이 들었다.

'도대체 내가 발급받는 카드 한 장에 수당을 얼마나 받는 거지? 그럼 다른 영업사원은 더 많이 해줄 수도 있지 않을까? 아는 영업사원한테 한번 물어봐야겠다.'

나는 뭐든지 가격으로만 승부하는 것은 좋은 비즈니스가 아니라고 생각한다. 하지만 현장에서 영업을 하다 보면 꼭 한 번씩은 가격으로 어필을 해야 할 때가 있다. 그때 영업사원의 수당 범위에서 고객에게 할인해줄 수는 있다. 하지만 이건 지속

가능한 방법이 아니다.

영업사원은 자신이 지금 고객에게 왜 이런 혜택을 주는지 정확하고 합당한 명분을 제시해야 한다. 그래야 고객을 설득하고 움직이게 만들 수 있다. 아무 명분 없이 주는 할인이나 서비스는 오히려 고객의 불신만 키우고 고객이 구매 결정을 내리는 데 혼란만 줄 뿐이다.

가령 그 카드 영업사원의 경우 저희 영업소가 최고 실적을 달성해서 이번 주까지 계약한 고객은 연회비가 지원이 된다고 했다면 어땠을까? 아니면 사장님은 카드 사용량이 많다고 하시니 특별히 연회비를 지원해드리겠다, 카드 사용해보시고 만족하신다면 주변 분들에게 소개를 많이 해달라고 할 수도 있을 것이다. 그것도 아니면 자신은 고객에게 더 많은 혜택을 주기 위해 수익금의 일부를 항상 고객을 위해 사용한다고 말할 수도 있을 테고 말이다.

그게 뭐든 고객이 지금 계약하면서 얻는 이득에 대해서 충분히 납득할 수 있는 명분을 주어야 한다. '그래, 이 사람과 지금 계약하면 나에게 많은 혜택이 주어지는구나. 마침 이런 좋은 행사 때 내가 이 사람을 만나다니 정말 행운이다.' 이런 생각을 고객의 머릿속에 심어주어야 계약으로 이어지는 것이다.

내가 단골로 가는 작은 삼겹살집이 하나 있다. 항상 고객들로 붐비는 그 집은 고기도 맛있지만 사장님의 멘트가 더 맛있는 집이다. 사장님은 항상 매장을 방문하는 모든 고객들에게 음료수를 서비스로 제공한다. 그런데 처음부터 주는 것이 아니라 한창 음식을 먹고 있을 때쯤 모든 테이블에 음료수를 직접 가지고 오셔서 한마디씩 하며 음료수를 주신다. 절대 그냥 서비스를 주는 법이 없다.

"너무 잘생긴 총각이 와서 내가 기분 좋아서 음료수 하나 서비스, 맛있게 먹는 모습이 너무 보기 좋아서 서비스, 단골이니까 내일 또 오라고 서비스요."

이런 식이다. 가게에 있는 모든 손님들에게 주는 음료수지만 항상 자신이 이 서비스를 왜 주는지에 대해 손님이 기분 좋을 만한 이유를 이야기하신다. 대부분의 고객들은 그 사장님이 항상 음료수를 주신다는 것을 알고 있다. 그래도 사장님의 멘트 하나가 고객의 기분을 더욱 좋게 만들고 음식을 더욱 맛있게 만들어준다. 그래서 그 가게는 언제나 손님들과 사장님의 활기로 가득 차 있다.

작은 식당에서 원가 500원짜리 음료수를 하나 주더라도 정당한 명분을 가지고 서비스를 제공한다. 그런데 우리 영업자들은 어떤가? 자신의 수당에서 수십만 원을 빼주면서도 합당한 명분을 제시하지 못한다. 오히려 고객의 구매 결정을 늦추고 다른 경쟁자들과 비교하도록 만들고 있다. 당신이 고객에게 주는 모든 혜택에 대해 고객이 이해할 수 있는 합당하고 정당한 명분을 제시해주어야 한다. 당신이 어떤 명분을 제시하는가에 따라 고객은 구매를 결정한다. 지금은 공짜도 그냥 주면 사기꾼이 되는 세상이다.

영업대장 안규호의 '이것만은 기억하라'

☑ 명분 없는 공짜는 고객의 불신만 키울 뿐이다. 음료수 하나를 주더라도 고객이 납득하고 기분 좋을 만한 이유를 만들어라.

모든 고객에게
좋은 영업자일 필요는 없다

'리스크 테이킹Risk Taking'이라는 경제학 용어가 있다. 위험을 인지한 후에도 행동에 나서는 것을 뜻하는 말이다. 며칠을 굶어 배가 고픈 2명의 남자가 있다. 이들에게 한 조각의 사과가 주어졌다. 하지만 그 사과 한 조각이 만족스러울 리 없다. 너무 배가 고프다. 다른 한 사람의 사과 반 조각마저 내가 모두 먹고 싶다면 어떻게 해야 할까?

방법은 하나뿐이다. 싸워서 빼앗아 오는 것이다. 만약 싸움에서 진다면 가지고 있는 사과까지 빼앗겨버릴 것이다. 하지만 이길 자신이 있고 저 사과를 꼭 가지고 싶다면 싸움에서 승리해 사과를 빼앗아 오면 된다. 이것이 바로 리스크 테이킹이다.

최고의 영업자들과 CEO들, 자신의 분야에서 성공한 모든 사람들은 이 리스크 테이킹 능력이 다른 사람보다 월등히 뛰어나다. 위험을 무릅쓰고 상대방과 겨루어 더 많은 고수익을 창출해내는 능력이 있기에 성공할 수 있었던 것이다.

나는 영업은 고객과 영업자 간의 싸움이라고 생각한다. 싸움에서 이겨야 고객을 내 뜻대로 리드해나갈 수 있기 때문이다. 그러나 보통의 영업자들은 고객과의 싸움을 두려워한다. 판매하지 못할 거라는 두려움에 지레 겁을 먹고 고객에게 휘둘리다가 결국 고객에게 지고 만다. 영업자가 고객에게 지게 되면 판매도 못할 뿐더러 판매한다고 해도 남는 것이 별로 없다.

"대표님, 이건 아니잖아요. 왜 대표님 마음대로 하세요!"

"지금 뭐하자는 거야. 나 가르치는 거야?"

고객과 큰 언성이 오고 가는 것은 내가 흔히 겪는 일 중 하나다. 나는 지금까지 영업을 하면서 고객과 자주 싸웠다. 상담하면서 싸우는 경우도 있고 일을 하면서 싸우고 계약 금액 때문에 싸우고 크고 작은 일로 두 달에 한번 씩은 꼭 싸우는 것 같다. 그렇다고 해서 계약이 성사가 안 되는 것은 또 아니다. 내가 일하는 모습을 봤던 모든 사람들은 이렇게 말한다.

"아니, 어떻게 저렇게 싸우는데 잘하지? 신기하네."

내게는 나쁜 습관이 하나 있다. 사람들과 이야기할 때 팔짱을 끼고 다리를 꼬아서 앉는 것이다. 처음 영업을 시작했을 때부터 상담하는 자세가 너무 거만하다고 지적을 많이 받았었는데 10년이 지난 지금도 결국 고치지 못했다. 고쳐보려고 노력했지만 단정한 자세를 취하면 뭔가 내가 약해지는 것 같아 상담이 잘 풀리지 않았다. 반대로 내가 가장 편안하고 안정적일 때 가장 좋은 결과를 냈다. 그래서 결국 '에이, 그냥 내 스타일대로 할래.' 마음먹고 고치지 않았다.

그런데 지금은 생각이 완전히 바뀌었다. 어쩔 수 없어서 고치지 못하는 게 아니라 고치지 않는 것이 맞는 것 같다. 다른 사람들이 나를 보고 영업하는 모습이 신기하다고 말하는 것은 사람들 인식에 박혀 있는 영업자는 '을'이라는 생각 때문이다. 나는 항상 '갑'이 되는 영업을 추구한다. 절대로 을이 되지 않는다. 그러다 보니 고객들과 충돌이 일어나는 경우가 많은데 이때 고객과 시원하게 싸우고 사과하고 나면 사이도 더 돈독해지고 고객도 나를 더욱 존중하고 대접해준다.

나의 방식은 남자들끼리 한 번 싸우고 난 다음에 더 친해지는 그런 것이라고 생각한다. 물론 '미친놈'이라고 욕하고 떠나가는 고객들도 있다. 하지만 충성 고객이 훨씬 더 많아지고 매출은 더욱 올라간다. 모든 사람에게 사랑받으며 살 수 없듯이 모든 고객에게 사랑받을 수는 없다. 당신에게 맞는 방식으로 영업하고 당신을 좋아하는 고객들만 충성 고객으로 만들면 된다.

우리가 절대 잃지 말아야 할 것은
고객이 아니라
바로 나 자신이다!

나는 무엇을 위해 영업하는가? 고객을 위해서?

아니다. 나 자신을 위해서다.

영업의 방향키는 언제나 영업자인 내가 쥐고 있어야 한다.

고객에게 휘둘리며 노예로 전락하는 순간,

그 영업도, 영업자로서의 삶도 끝이다.

모든 고객들을 만족시키려고 하다가는 친절과 서비스를 빙자한 고객의 '노예'로 전락해버리고 만다. 고객에게 한두 번 휘둘리다 보면 '무엇을 위해 이 일을 하고 있는 거지? 어떤 일을 하고 있는 거지?'조차도 잊어버리게 된다. 결국은 당신 자신을 잃어버리는 것이다. 당신이 영업하는 것은 당신 자신을 위해서 하는 거지 고객을 위해서 하는 것이 아니라는 사실을 잊어버려서는 절대 안 된다.

한 대학에서 실험한 내용이다. 모래 상자 안에 쥐를 넣고 매일 지정된 위치에 먹이를 준다. 며칠 후에는 모래에 살짝 파묻어서 먹이를 놔둔다. 그러면 쥐가 다가와 모래를 파내서 먹이를 먹는다. 시간이 지날수록 조금씩 더 깊게 모래를 파서 먹이를 넣는다. 쥐는 매일 열심히 모래를 파서 맛있게 먹이를 먹는다.

그러던 어느 날 먹이를 모래 속에 넣은 것이 아니라 처음처럼 그냥 모래 위에 올려놓으면 어떻게 될까?

쥐는 다른 날과 변함없이 열심히 모래를 파기 시작했다. 먹이가 바로 눈앞에, 모래 위에 놓여 있는데도 말이다. 처음에 쥐가 모래를 파기 시작한 이유는 먹이를 먹기 위해서였지만 어느새 '자신이 왜, 무엇을 위해서 모래를 파고 있는지' 잊어버리고 만 것이다. 쥐는 자신의 목적과 이유를 망각한 채로 그냥 습관적으로 모래를 팠던 것이다.

영업으로 돌아와 생각해보자. '나는 왜, 무엇을 위해서 영업하고 있는가?' 당신 자신을 위해서 많은 돈을 벌고 여유로운 시간과 안락한 삶을 위해서 시작한 영업이 지금 어떤 방향으로 흘러가고 있는지 물어야 한다. 고객 때문에 당신 자신을 잃어버리고 있진 않은가? 내가 마음에 안 들어 떠나간 고객이 있다면 잊어버리고 다른 고객을 찾으면 된다. 하지만 당신 자신을 잃어버리는 순간, 목적을 망각한 쥐처럼 모든 것을 잃어버리고 만다.

친한 선배 중에 나랑 성격이 비슷한 한의사가 한 명 있다. 성격과 일하는 스타일이 너무 잘 맞아 바쁘더라도 꼭 시간을 내어 한 번씩 찾아가 대화를 나누곤 한다. 내성적이지만 강인하여 원칙에 어긋나게 한의원을 운영하지 않는다.

그 선배의 제1원칙이 환자와 절대 타협하지 않는 것이다. 병을 가장 빠르게 고치는 방법은 환자가 의사의 말을 듣는 것인데 환자의 요구를 들어주다 보면 병을 고칠 수 없다는 것이다. 그래서 말을 듣지 않는 환자들과 자주 다툰다. 한두 번 환자들과 싸우다 보니 처음 개원했을 때 동네에서 '싸가지' 없는 한의사라고 소문이 돌아 잠시 힘들었다고 한다. 하지만 자신의 원칙대로 꾸준하고 성실하게 운영해나갔고 결국에는 '병'을 잘 고치는 한의원으로 소문이 나게 되었다. 지금은 여기가 한의원인지 시장인지 모를 정도로 언제나 환자들로 북새통을 이루고 있고 개원한 지 4년도 채 되지 않았는데 다른 한의원 컨설팅 사업까지 겸하고 있다. 성공한 한의사이자 사업가로 연간 수입을 10억 가까이 올리고 있는 지금도 그 선배는 가끔 환자들과 싸우곤 한다.

나는 이 선배가 성공할 수 있었던 가장 큰 이유는 자신의 원칙을 계속 지켜나갔기 때문이라고 생각한다. 잠시 매출이 떨어지고 힘들다고 해서 자신의 원칙을 깨뜨리고 환자들의 요구사항을 들어주었다면 지금처럼 성공하지 못했을 거라고 단언한다. 영업도 마찬가지다. 원칙을 깨고 고객에게 모든 것을 맞추는 순간, 결국 가장 소중한 당신 자신을 잃어버리고 만다. 당신이 이 힘든 영업을 하고 있는 것은 당신을 위해서라는 것을 잊지 말자.

영업대장 안규호의 '이것만은 기억하라'

☑ 명심하라. 이 일을 하는 근본적인 이유는 나 자신을 위해서지, 고객을 위해서가 아니다.

착각 마라,
영업은 '자원봉사'가 아니다

예전에 다니던 경영 컨설팅 회사에서 나보다 6개월 정도 늦게 입사한 친구가 한 명 있었다. 영화배우 유아인을 닮은 외모에 정말 잘생겼고 마음 씀씀이가 가히 천사라고 해도 과언이 아닐 정도로 착했다.

게다가 근면함과 성실함은 말할 것도 없었다. 몇 개월 동안 지각 한 번 하는 모습을 보지 못했다. 그뿐인가? 항상 자신의 이야기보다는 다른 사람들의 이야기에 귀를 기울여주었다. 회사에 있는 모든 사람들이 그 친구를 좋아했고 그의 주변에는 항상 사람들로 가득했다.

나는 그 친구가 정말 부러웠다. 나는 날카로운 인상에 항상 나의 주장을 강하게 어필했다. 회사의 스케줄과 규정보다는 나의 영업 스케줄과 실적에 따라 움직였다. 덕분에 항상 실적 1등, 영업왕이라는 타이틀을 가지게 되었지만 그만큼 회사에 많은 적敵을 두고 있었다.

나는 그 친구가 나보다 영업을 잘할 것이라고 생각했다. 영업은 고객의 이야기를 들어주는 것이 무엇보다 중요했기 때문이다. 나는 고객의 이야기를 잘 들어주는 편이 아니어서 새로 입사한 그 친구야말로 고객의 진짜 마음의 소리를 들을 수 있지 않을까 싶었다.

그렇게 생각하자 언젠가는 나의 자리를 빼앗길 수도 있겠다는 생각에 문득문득 불안감이 찾아왔다. 나뿐만 아니라 회사의 많은 사람들이 그 친구는 진짜 영업을 잘할 것이라고 말했다.

그렇게 몇 개월이 지났다. 그 친구는 하루에 24시간이 부족할 정도로 뛰어다녔다. 고객들은 무슨 일만 생기면 그 친구를 불러댔고 자신의 이야기를 하며 또 많은 것을 요구했다. 그런 고객들을 쫓아다니느라 그 친구는 회사에서 가장 바쁜 사람이 되어버렸다.

하지만 실적은 항상 하위권에서 벗어나질 못했다. 참 의아한 일이었다. 바쁘기는 회사에서 제일 바쁜데 실적은 만날 하위권이라니. 아무리 세일즈 스킬이 부족해도 이건 문제가 있는 것이 분명했다. 안타까운 마음에 그 친구의 미팅을 따라가기로 했다. 처음으로 컨설팅을 의뢰한 고객과의 미팅이었다.

동반 미팅을 나가 보니 이 친구의 문제는 심각했다. 경영 컨설팅이라는 일은 아무리 고객의 니즈가 있다고 하더라도 뭔가 될 만한 고객이어야 하는 것이고 요건이 맞아야 할 수 있다. 함께 만났던 고객은 전혀 요건이 충족되지 않았고 털어내고 빨리 일어나는 것이 정상이었다. 아무리 고객의 니즈가 강하다고 해도 일반 회사원이 몇 억짜리 '람보르기니'를 살 수는 없지 않은가!

그런데 이게 웬걸, 두 사람은 어느새 친구가 되어 있었다. 고객은 자신의 힘든 점과 속마음을 처음 보는 영업사원인 그 친구에게 모조리 털어놓기 시작했고 그 친구는 맞장구를 쳐주며 들어주었다. 게다가 코칭해줄 수 있는 부분은 코칭해주며 2시간을 넘게 떠드는 것이 아닌가!

고객들과 길어야 30분 이상 미팅을 하지 않는 나에게는 정말 돌아버릴 일이었다. 안 되는 고객을 만나면 빨리 이야기를 끊고 나와서 다른 일을 해야 하는데, 거기서 구구절절 그 고객의 모든 이야기를 다 들어주고 있었던 것이다. 이건 아니다 싶어 나오자마자 한마디 했다.

"장 대리, 왜 그렇게 불필요한 이야기를 다 들어주고 있어! 안 될 것 같으면 그냥 적당히 얘기하고 나와야지."

"불쌍하잖아요. 그리고 고맙다고 소개 많이 해주신다고 하잖아요."

"소개해준다는 말을 믿어? 그리고 사람들은 비슷한 사람들 끼리 어울리는 거야."

하, 이런 순진해도 너무 순진한 친구였다. 고객의 소개라는 말을 믿고 게다가 불쌍하다니, 나는 입사한 지 5개월이 넘어가지만 한 달에 300만 원도 못 벌고 있는 그 친구가 더 불쌍했다. 영업하는 사람이 300만 원 벌 것이라면 그냥 다른 곳에 가서 직장생활을 하라고 충고하고 싶다.

영업비 들어가, 밥 사 먹어, 기름값에, 술값에, 거기에 4대 보험이 되기를 하나 퇴직금이 나오길 하나, 안정적이길 하나, 영업하는 사람들은 오로지 더 많은 수입을 올리는 것밖에는 답이 없다.

나는 그 친구에게 앞으로 안 될 것 같은 상담은 짧게 끝내라고 못 박았다. 특히 고객과 이야기할 때에는 고객에게 딱 필요한 것, 중요한 것만 해주고 나머지 소소한 것들은 고객에게 알아서 하라고 말할 것을 주문했다.

하지만 그는 변하지 않았다. 여전히 고객 만족이라는 이름으로 고객들 뒤치다꺼리하느라 정신없이 바빴고 실적 역시 오르지 않았다. 결국에는 생활고에 시달리다가 1년도 채 안 돼 회사를 그만두게 되었다.

이런 영업자들에게 꼭 말해주고 싶은 것이 있다. 우리는 고객들에게 자원봉사를 하려고 영업을 하는 것이 아니다. 자신의 꿈과 행복을 위해서 일하는 것이고 그 안에 고객이 존재하는 것이다. 나는 '또 하나의 가족, 나보다 고객을 먼저.' 이런 말 따위는 아예 믿지 않는다. 아니 피가 안 섞였는데 무슨 가족이고, 자신보다 어떻게 먼저 고객을 생각하란 말인가! 고객을 떠받들고 고객들의 이야기를 경청한다고 해서 고객 만족이 되는 것이 절대 아니다.

만약 그 친구의 따뜻한 마음에 모든 고객들이 만족하고 감동을 느꼈다면 그 친구는 생활고에 시달리지 않았어야 맞다. 역대 연봉자가 되었어야 정상이다. 하지만 결과를 보라. 어떻게 되었는가? 고객들은 착한 영업자와 계약하고 싶어 하지 않는다. 더 유능하고 자신에게 충분한 도움을 줄 수 있는 영업자와 계약하고 싶어 한다.

'실패로 가는 열쇠는 모든 사람을 기쁘게 하려는 것이다.' 내가 평소에 좋아하는 말이다. 사람들은 모든 사람들에게 사랑받고 싶어 하지만 그것은 자신을 가장 불행하게 만드는 지름길이라고 생각한다. 영업자도 똑같다. 모든 고객에게 사랑받기 위해 애쓸 필요는 없다. 당신을 사랑해주고 당신과 함께할 수 있는 마니아층을 만들어낼 수 있다면 그걸로 충분하다. 멋지게 성공할 수 있다.

우리 영업자들은 고객 만족에 대해서 다시 한 번 생각해볼 필요가 있다. 고객들에게 쩔쩔매면서 노예처럼 일하면 고객이 만족할까? 고객들을 쫓아다니며 그들의 이야기를 듣고 한없이 웃고 있는 것이 얼마나 고객을 만족시킬 수 있을까? 고객들이 영업자에게 원하는 것은 맹목적인 친절함과 웃음이 아니다. 얼마나 자신에게 도움을 줄 수 있고 이득이 될 수 있는가이다.

얼마 전에 저녁 뉴스에서 이런 보도가 나온 적이 있다. 단통법이 시행되면서 전국 어느 매장을 가더라도 휴대폰의 가격이 동일해졌고 예전보다 판매가가 올랐다. 그런데 한 휴대폰 매장에서 불법으로 고객들에게 보조금을 제공해 휴대폰을 시중보다 30만 원 정도 값싸게 판다는 것이다.

휴대폰 보조금이 불법이다 보니 낮에 영업을 할 수 없어 이른 새벽에만 문을 열었는데, 한겨울인데도 불구하고 사람들이 새벽부터 나와 줄 서 있는 모습이 진풍경이었다.

다른 휴대폰 매장에 가면 친절한 직원들이 웃으며 고객을 맞이할 텐데, 그들은 왜 그런 서비스를 포기하고 그 추운 날 매장 앞에서 줄을 서며 기다렸을까? 결국 고객들이 원하는 진짜 고객 만족은 추위에 떨며 몇 시간을 기다리더라도 30만 원 더 저렴하게 휴대폰을 구매하는 것이었던 셈이다.

새벽에 몰려드는 손님들에게 과연 영업자들이 친절했을까? 나는 아니었을 거라는 데 모든 표를 던진다. 수십 명의 고객들을 상대하기 위해 기계처럼 별다른 설명 없이 무작정 서류 받기에 정신이 없었을 것이다.

물론 불법으로 영업을 한 것이기 때문에 시장 질서를 어긴 엄연한 반칙이긴 하다. 하지만 당신이 친절하게 고객 앞에서 웃고 있을 사이에 다른 영업자는 고객에게 도움이 될 수 있는 자신만의 확고한 콘텐츠를 만들어내고 있다. 그리고 고객에게 이득을 가져다주는 영업자의 그 콘텐츠가 고객들을 줄 세우고 있는 것이다.

생각해보라. 사람들이 줄 서서 먹는 맛집 중에는 굉장히 불친절한 곳이 많지 않은가! 사람들은 '이 집은 너무 불친절해.' 투덜대면서도 꾸준히 그 음식을 먹기 위해서 그 집 앞에 줄을 선다. 그 집의 마니아가 되어버린 것이다. 왜? 아무리 그 집이 불친절하더라도 자신들이 지불한 가격 이상으로 충분한 가치를 제공한다고 느끼기 때문이다.

더 이상 모든 고객에게 친절하지 마라. 그 시간에 차라리 확고한 당신만의 콘텐츠를 만들고 당신의 마니아층을 만드는 것에 집중하라. 그래야 파리만 날리는 영업장을 탈피할 수 있다. 당신이 고객을 만족시키는 것이 아니라 고객들 스스로 만족하는 게 진짜다.

영업대장 안규호의 '이것만은 기억하라'

☑ 모든 고객에게 친절할 필요 없다. 그보다는 고객에게 영양가 있는 나만의 콘텐츠를 만드는 데 집중하라. 그 순간 친절, 불친절을 떠나 고객은 나를 찾게 되어 있다.

Part 3

'기' 빠진 멘트는 '부도수표'에 불과하다

첫 번째 고객은 언제나 자신이 되어야 한다. 그만큼 자신 있게 내세울 수 있어야 한다는 말이다. 확신이 없으면 그 어떤 멘트에도 힘이 실리지 않는다. 고객의 불신만 키울 뿐이다. 그러려면 차라리 아무 말도 하지 마라. 기 빠진 멘트는 부도수표에 지나지 않는다.

영업은 '몸'이 아니라 '머리'가 하는 거다

매년 회사에서는 정기적인 시상식과 세미나, 동영상 등을 통해 톱클래스 영업자들의 성공 스토리와 영업 사례를 들려준다. 성공한 영업자들은 앞에 나와서 항상 똑같은 이야기를 반복한다. 아시다시피 이유는 동기부여라는 거다.

"저는 매년 자동차를 10만 킬로미터 이상 타서 차를 2년마다 한 대씩 바꿉니다. 1년에 10만 킬로미터를 달릴 수 있는 영업자는 성공할 수밖에 없습니다!"

"저는 문전박대가 훈장이라고 생각합니다. 13번 문전박대 당하고 14번째 찾아가 계약을 따냈습니다. 끈기를 가지고 끝까지 열심히 해봅시다!"

"나보다 고객을 먼저 생각하세요. 고객은 또 하나의 가족입니다!"

아, 진심으로 지겹다. 도대체 뭘 위해 그렇게 열심히 하란 말인가? 그리고 13번 문전박대 당했는데 또 찾아가면 이건 영업이 아니라 스토킹 구속감이다. 그리고 결과가 좋지 못한 사람들은 모두 놀았단 말인가? 물론 영업을 하면서 열심히 하지 않는 사람들도 꽤나 많이 있다. 하지만 대부분의 영업자는 정말 피땀 흘려가며 실적을 위해 오늘도 미친 듯이 달리고 있다.

예전에 나는 항상 회사나 매스컴에서 말하는 톱클래스 영업자들이 정말 미친 듯이 일만 해서 저렇게 된 것인지 궁금했다. 그러나 막상 내가 그 자리에 오르자 그들의 이야기를 이해할 수 있었다. 그 사람들이 열정을 가지고 미친 듯이 열심히 하라는 이야기를 하는 이유는 딱 2가지다.

첫 번째는 그들이 시대를 정말 잘 타고난 사람들이라는 점이다. 이런 부류의 톱클래스들은 대부분 옛날에 영업한 사람들이 많다. 당시는 고속 성장기로 시장이 지금처럼 치열하지 않았고 어떤 방법으로도 돈을 벌 수 있는 시대였다.

이 당시 영업자들은 영업에 대한 스킬이나 대화법, 마케팅 등 특별히 자신이 무엇을 하는지 몰라도 열심히만 하면 자연스럽게 성과를 낼 수 있었다. 물론 자신만의 영업 실력이나 비즈니스 스킬이 없지는 않았지만, 그때 마인드로 지금 영업 현장에 나간다면 과거의 영광을 누릴 리 없다고 생각한다.

두 번째는 진짜 성공의 비결을 말해주지 않는 것이다. 그 사람들의 입장에서는 많은 돈과 시간을 투자했고 수많은 시행착오를 거치며 완성한 영업의 시스템을 굳이 알지도 못하는 사람들에게 알려줄 필요가 없다.

스스로 만들어낸 성공 시스템을 다른 사람들이 따라 하기 시작하면 경쟁자가 늘어나고 자신의 시장만 좁아질 뿐이다. 나는 미치지 않고서야 그런 짓을 할 사람은 없다고 본다. 그리고 비법을 알려준들 자신에게 고마워할 사람도 없다는 것을 잘 알고 있다.

한번은 나이가 나보다 열 살 더 많은 후배가 찾아온 적이 있었다.

"선배님, 저는 선배님이 제 롤모델입니다. 제게 영업을 가르쳐주세요. 정말 열심히 하겠습니다."

"무슨 롤모델이요. 말씀 편하게 하시고 제가 아는 방법은 모두 알려드릴 테니 열심히 해보세요."

내게 도움을 청하는 후배들과 많은 사람에게 회사에서뿐 아니라 근무시간 외에도 계속해서 코치를 해주며 내가 아는 모든 것을 알려주었다. 그런데 실적이 나오고 소득이 올라갈수록 더 이상 내 이야기를 듣지 않았다.

"요새는 왜 내가 시키는 대로 안 하시는 거예요?"

"선배님이 알려주신 방법이랑 저랑은 안 맞는 것 같아서요. 이제는 제 스타일대로 한번 해보려고요. 그동안 가르쳐주셔서 너무 감사했어요."

어이가 없었지만 어쩔 수 없는 노릇이었다. 내 일만 하기에도 정신없는 상황에서 시간 투자하며 밥이고 술이고 사 먹여가며 가르쳐놨더니 수입 좀 올랐다고 이제 알아서 하겠다니. 확실한 수입이 보장된 것도 아니고 겨우 500~600만 원 정도 밖에 되지 않은 수준에 안주하는 것이 안타까웠다.

나는 현대캐피탈에 다닐 때 정말 많은 사람에게 모든 노하우를 알려주었다. 내가 실적이 가장 높기도 했거니와 실적 톱3 중 나를 제외한 두 분은 연륜 있는 여성분들이었고, 또 회사에 자주 나타나지도 않다 보니 사람들도 나이 어리고 만만한 나를 찾아오곤 했다. 많은 선배, 동료, 후배들에게 내 비결을 알려주는 데 적극적이었다. 하지만 그 누구도 내게 고마워하는 사람은 없었다.

"에잇, 별것 없네. 저건 나랑 안 맞아. 너무 힘들어. 시간이 없어서!"

핑계를 대고 얘기 듣기를 꺼려하는 사람도 있었고, 내 방법대로 실적이 나온다 하더라도 결국 자신들이 잘해서 실적이 나온 것일 뿐이라는 태도로 돌변했다. 그렇다. 세상은 잘되면 내덕, 안되면 남의 탓이다. 결국 내 시간만 낭비한 꼴이 되어버렸다. 그 후로는 나 역시 어떤 조직에서도 내 노하우를 공개하지 않았다. 도와주려다가 오히려 나 혼자 바보가 된다는 것을 뼈저리게 느꼈기 때문이다.

"영업은 몸이 아니라 머리로 하는 것이다."

내가 시상식 때 사람들에게 했던 이야기다. 아직도 많은 영업자들이 열정과 근성만 가지고 영업을 잘할 수 있다고 생각한다. 물론 그중에는 또 다른 성공 모델이 탄생하기도 한다. 그런데 문제는 아주 극소수라는 점이다. 그런데도 사람들은 그들의 말을 금과옥조로 여기며 열정과 근성을 무기로 죽도록 일한다.

강조컨대 이는 끊어야 할 악순환이다. 내가 만났던 수많은 영업자들이 모두 열심히 한다고 말했다. 그러나 성과의 차이는 수십 배에서 많게는 백 배 이상 차이가 났다. 우리에게 주어진 시간은 누구나 똑같이 24시간이다. 결국 '열심히'의 문제만으로는 이 차이를 만들어낼 수 없다.

시대가 바뀌었다. 이를 인정하지 않는다면 도태될 것이다. 더 이상 근면함만으로는 성공을 보장할 수 없다. 영업의 방법도 바뀌야 한다. 20~30년 전 선배들의 경험담은 과감하게 버리자. 지금까지 해온 방법으로 성공하지 못했다면 방법을 바꿔라.

언제까지
근면 성실하게만
일할 텐가?

시대가 바뀌었다.
영업도 스마트해져야 한다.
영업은 발이 아니라
머리로 하는 거다.

지금 이 순간 성공가도를 달리고 있는 영업자들의 시스템을 배워야 한다. 그리고 그 시스템을 자신에게 맞게 고쳐 써라. 당신만의 성공 시스템을 만들어라. 영업의 성과는 근성의 차이가 아니라 기획이 결정한다는 것을 잊지 마라.

영업대장 안규호의 '이것만은 기억하라'

☑ 영업자에게 필요한 진짜 스킬은 발이 아니라 머리다. 근면 성실만을 강조하는 구태의연한 방법은 버려라. 시대가 바뀌었고 사람이 바뀌었다. 방식도 바뀌어야 할 때다.

최고의 제품도
확신이 없다면 팔 수 없다

당신은 당신의 첫 고객을 기억하는가? 이제 막 영업을 시작한 사람이라면 누가 첫 고객이 될지 가슴이 쿵쾅쿵쾅 뛸 것이다. 이미 오랜 시간 영업을 하고 있는 사람이면 첫 고객이 누구인지는 기억조차 흐릿할지 모른다.

미국으로 이민을 간 친구가 하나 있다. 그 친구가 나에게 이런 말을 해준 적이 있다.

"다른 나라로 이민 갔을 때 처음 만나는 사람의 모습이 그 나라에서 네 모습이야."

처음 만나는 사람이 얼마나 중요한지를 알려주는 이야기다. 영업의 세계에서도 어떤 고객을 처음 만나느냐에 따라 영업자의 인생이 바뀐다.

내가 지금까지 10년 넘게 영업을 해오며 한 번도 변하지 않은 철칙이 있다. 바로 첫 번째 고객은 내 자신이 되어야 한다는 것이다. 내가 파는 상품이 최고라는 확신에 차 있어야 하고 그 확신을 증명하기 위해서는 내 제품을 처음 구매하는 사람이 자기 자신이 되어야 한다는 것이다. 제품에 대한 확신도 없으면서 써보지도 않은 상품을 고객에게 팔 수는 없다. 그럴 땐 어떤 말을 해도 멘트에 힘이 실리지 않는다. 힘이 빠진 영업자의 말은 소음이나 다름없다.

예전에 휴대폰 영업자로 일할 때 신기한 사실을 하나 알았다. 휴대폰 판매점에서는 아이폰을 팔지 못한다는 것이다. 지금도 그렇지만 그때도 많은 사람들이 아이폰에 열광할 때였다. 국내 통신 시장의 아이폰 점유율이 30퍼센트를 육박할 때였으니 엄청난 판매량이었다.

하지만 휴대폰 판매점에서는 아이폰을 판매할 수 없었다. 그러면 판매사에게 수당이 생기는 것이 아니라 월급에서 몇 만 원씩 차감되는 실정이었다. 즉 휴대폰 영업자에게 아이폰 마니아들은 가장 골치 아픈 손님이었고 아이폰은 영업자의 가장 큰 적이라고 해도 과언이 아니었다. 판매사들 중에는 아이폰을 쓰는 직원들이 꽤 많았으나, 이런 이유로 정작 손님들에게는 다른 휴대폰을 추천했다.

"아이폰은 쓰기 너무 힘들어요. 비싸고 불편해요."

상담 테이블 위에는 본인도 사용하지 않는 가짜 휴대폰을 놓고 권했다. 자신은 아이폰을 들고 다니며 말이다. 그들이 한심했다. 한심했고 실망스러웠다. 그건 고객들을 기만하는 것이고 농락하는 것이다.

나는 고객을 또 하나의 가족이라고, 고객 만족이 최고라고 생각하는 사람은 아니다. 하지만 적어도 고객을 기만하는 것은 영업자로서 자격 미달이라고 생각한다. 직접 사용하지 않는 것을, 자신조차 별로라고 생각하는 제품을 고객에게 추천하는 것은 영업자로서 자격 미달이다.

당신이 판매하는 모든 제품의 첫 번째 고객은 무조건 당신이 되어야 한다. 스스로를 납득시킬 수 있어야 고객에게도 판매할 수 있다. 영업자 자신조차 납득시키지 못하면서 고객이 사길 바란다는 것은 참으로 어이없는 일이다.

오피스텔 분양 회사의 임원들과 저녁 식사를 함께한 적이 있다. 그분들은 나에게 어떻게 하면 직원들의 영업을 더 활성화시킬 수 있는지 질문했고 나는 그분들께 되물었다.

"직원 중에 오피스텔 분양받으신 분이 한 분이라도 있나요?"

"없죠. 저희들이 매번 옮겨 다니면서 일을 하는데 어떻게 그때마다 분양을 받습니까? 현실적으로 불가능하잖아요."

직원들은 물론이고 임직원들조차 자신들이 분양하는 오피스텔을 계약하지 않았다. 그리고 말했다. 불가능하다고. 그러면서 고객들에게는 여기에 투자하면 수익률이 높아진다며 최고의 투자처라고 이야기한다.

정말 그렇게 최고의 투자처라면 자신들이 먼저 투자해야 맞지 않나? 돈이 없어서 못한다고? 정말 최고의 투자처라면 사채를 빌려서라도 투자하는 것이 사람의 본성이다. 앞뒤가 맞지 않는다. 그러면서도 직원들의 수입을 월 1,000만 원을 만들어주네 마네를 이야기한다. 어이없는 발상이다.

통계마다 차이는 있지만 우리나라에서 월 평균 1,000만 원 이상의 소득을 올리는 사람은 상위 1퍼센트에 해당한다. 그런 정신 상태로 대한민국 상위 1퍼센트를 꿈꾸는 것은 가능하지 않은 이야기다. 상상할 수 없는 꿈을 꾼다면 상상할 수 없을 만큼 노력해야 한다. 요새 사람들이 쉽게 월 1,000, 월 1,000 하지만 정작 본인들이 사용하는 경비를 제외하고 순수익으로 월 1,000만 원을 거두는 사람들은 정말 극소수다. 나의 사촌 동생도 강남에서 오피스텔 분양 일을 하고 있다. 한 번은 사촌 동생이 나에게 찾아왔다.

"형, 영업을 잘하려면 어떻게 해야 돼?"

"음, 그럼 사람들에게 팔기 전에 일단 너부터 사."

"나는 돈이 없으니까 그렇지. 돈만 있었으면 당장 샀어. 진짜 수익률 최고야."

"그러니까 너부터 사라고. 돈이 없어서 못 사는 거 알아. 그럼 적어도 그 오피스텔 사는 게 너의 꿈이 되어야 해."

이후 내 사촌 동생은 정말로 자신이 판매하는 오피스텔을 두 채 분양받았다. 지금은 회사에서 가장 실적이 좋은 영업사원으로 억대 연봉을 받으며 일하고 있다.

물론 영업자가 판매하는 제품이 이처럼 고가의 가격이거나 잦은 이동이 있다면 모두 구입할 수는 없는 노릇이다. 그럼에도 최소한 그 제품을 사겠다는 확신이 있어야 한다. "분양받으면 100퍼센트 오른다."라는 틀에 박힌 홍보 문구를 뛰어넘는 차별화 지점은 바로 이것이다.

당신이 팔려는 제품을 당신 자신에게 판매할 수 있고 가족들에게도 거침없이 권할 수 있어야 고객에게 판매할 수 있다. 확신에 가득 차 있지 않은 상태로는 어떤 고객에게도 당신의 진심을 전달할 수 없다. 당사자인 자신조차 설득하지 못해 판매하지 못하는 제품을 고객에게 팔 생각하지 마라.

좋은 사람을 구하기가 너무 어렵고 힘들다는 지점장 한 분이 찾아온 적이 있었다. 그분이 면접자를 만났을 때 어떻게 이야기하는지 카메라로 촬영했다. 결론부터 말하자면 그분의 대화 속에는 상대를 끌어당기는 확신이 없었다.

하수의 멘트:
"이 제품 정말 최고예요!
써보시면 후회 안 하실 거예요."

고수의 멘트:
"제가 직접 쓰고 있는데요.
비슷한 제품들 중에
단연 최고입니다!"

힘이 있는 멘트,
고객을 끌어당기는 멘트는 따로 있다!
당신은 누구의 말이 더 매력적인가?

"이 일이 어렵긴 하지만 제가 최선을 다해 돕겠습니다. 모두가 성공하는 건 아니지만 열심히 한다면 잘하실 수 있을 것 같아서요."

온통 확신이 없고 미래에 대한 불안을 나타내는 말만 계속 사용하고 있었다. 그러니 당연히 인재 수급이 힘들 수밖에 없지 않겠나. 스스로 마음 한구석에 자신의 일, 영업은 힘들다는 부정적 감정이 자리 잡고 있고 스스로를 완벽히 납득시키지 못한 것이다. 말은 생각을 전달하는 하나의 수단이다. 부정적인 생각이 말을 통해 상대에게 고스란히 전달되면 다니고 싶은 마음보다 두려움을 느낄 것이 뻔하다.

당신의 멘트는 지금 고객에게 어떻게 전달되고 있나? 제품에 대한 확신으로 가득 차 고객을 지배하는가? 아니면 어정쩡한 말로 고객의 귀한 시간만 잡아먹고 있는가? 영업에서 성공하고 싶다면 가장 먼저 당신 자신부터 설득시켜라. 당신의 첫 번째 고객은 언제나 당신 자신이어야 한다.

영업대장 안규호의 '이것만은 기억하라'

☑ 나 자신에게 먼저 자신 있게 판매하라. 첫 번째 고객은 언제나 나다. 나를 설득할 수 있을 때 고객도 믿고 따라온다.

3초, 5초, 10초의 법칙

3초, 5초, 10초. 바로 우리 영업자들의 매출이 결정되는 시간이다. 고객이 처음 보는 영업자의 이미지와 호감도를 판단하는 시간 3초, 짧은 인사를 나누는 데 걸리는 시간 5초, 대화를 막 시작하기까지 걸리는 시간 10초. 이 찰나의 순간, 우리가 준비한 영업의 승패가 50퍼센트 이상 결정된다. 우리는 이 18초 안에 고객의 마음을 사로잡아야 영업에 성공할 수 있다.

3초 안에 고객이 나를 판단할 수 있는 것은 무엇이 있을까? 당연히 외적인 요소밖에는 없다. 얼마나 잘 다려진 셔츠와 바지를 입고 있는가. 구두는 깨끗한가? 몸에 딱 맞는 멋진 슈트와 단정한 헤어스타일, 깔끔한 면도는 기본이다. 얼굴에 생기가 있고 자신감 넘치는 표정까지 이 모든 외적인 요소가 당신의 첫 인상을 결정한다.

특히 슈트는 남자의 명함이다. 잘나가는 영업자 중 후줄근하고 촌티 가득한 슈트를 입고 다니는 사람을 단 한 명이라도 본 적이 있는가? 나는 기본적으로 외적인 요소를 제대로 갖추지 못한 사람은 자신의 실적에 대해서 논할 가치가 없다고 생각한다. 영업자의 가장 기본 중에 기본은 자신을 멋지게 꾸미는 일이다. 자신에게 멋지고 고급스러운 포장지를 씌워주어야 고객도 당신이라는 사람을 알고 싶고, 갖고 싶어 한다. 패션 감각이 없어서 어쩔 수 없다고? 그건 자랑이 아니다. 모르면 자신을 꾸미는 법에 대해 공부하라.

톱클래스 영업자를 꿈꾼다면 언제나 가장 멋진 슈트를 입어라. 손이 베일 듯 잘 다려진 셔츠와 바지, 몸에 딱 맞는 재킷, 멋진 넥타이에 깨끗하게 잘 닦인 구두, 깔끔하게 정리된 헤어스타일, 거기에 시계나 포켓 스퀘어 같은 액세서리 하나 정도 갖춘다면 더욱 좋다. 지나치게 유행을 따르는 슈트도, 그렇다고 너무 올드하지 않은 클래식한 슈트를 입어라. 영업만 잘하면 되지 무슨 옷차림까지 신경 써야 하냐고 생각하고 있다면 빨리 다른 일을 찾길 바란다. 지금 당장 거울 앞으로 가 당신의 모습을 보라. 스스로 고객이라 생각하고 말이다. 명심하라. 고객은 단 3초 안에 이 모든 것을 판단하고 당신의 첫인상을 결정한다.

그다음에 필요한 것이 첫인사다. 당신을 한 문장으로 표현할 수 있는 인사말을 만들어라. 그리고 낮고 힘 있는 목소리로 인사를 건네라. 너무 저음도 고음도 아닌 중저음이 좋다. 거기에 열정과 에너지까지 담을 수 있다면 금상첨화다. 언젠가 한 화장품 판매자가 내게 했던 인사말이 잊히지 않는다.

"안녕하세요, 피부로 먹고사는 여자 김주현입니다."

그분의 슬로건이 대단하고 멋져서가 아니라 아무도 그렇게 하지 않기 때문에 특별하다. 차별화된 인사 한마디가 고객의 머릿속에 당신을 각인시킨다. 남들과 똑같은 인사말은 고객의 입장에선 한 귀로 듣고 한 귀로 흘려버릴 말에 지나지 않는다. 당신만의 슬로건을 만들어라. 고객의 머릿속에 당신이라는 사람을 강하게 남겨라. 5초에 그친 당신의 첫인사가 고객의 5분, 50분을 설레게 할지, 지루하게 만들지 결정한다.

나머지 10초 동안에는 비언어적 커뮤니케이션을 한다. 내가 영업을 하면서 말보다 훨씬 더 중요하다고 생각하는 것이 바로 이것이다. 즉 몸짓과 제스처다. 내가 추구하는 영업은 항상 영업자가 고객보다 높은 위치에 있는 '갑'이 되는 영업이다. 그러려면 언어적인 요소보다는 비언어적 요소가 더 중요하다. 고객이 나를 '갑'으로 느끼고 생각할 수 있도록 행동해야 한다. 아무리 단정한 겉모습과 좋은 목소리를 가졌다고 해도 축 처진 어깨에 땅으로 향한 시선, 힘없는 발걸음을 보고 있자면 사람을 하대할 수밖에 없다.

'아! 저 사람 뭔가 있는 사람이구나. 괜찮은 사람이겠구나.' 고객이 먼저 이렇게 느낄 수 있도록 만들어야 한다. 나를 '갑'으로 느끼도록 행동해야 고객도 나를 '갑'으로 인식한다. 미국 UCLA대학교 심리학과 명예교수인 앨버트 메라비언Albert Mehrabian은 오랜 연구 끝에 사람과 사람이 메시지를 주고받는 행위, 의사소통에 있어서 비언어적 요소가 가장 크게 작용한다는 매우 이례적인 연구 결과를 발표했다.

그에 따르면 비언어적 요소가 55퍼센트인 반면 청각이 38퍼센트, 언어가 7퍼센트밖에 되지 않는다. 쉽게 말해 표정, 자세, 복장, 제스처 등 외적인 요소와 목소리 톤과 음색이 의사소통의 93퍼센트를 좌우하고 말의 직접적인 내용이 차지하는 비중은 고작 7퍼센트밖에 되지 않는다는 것이다. 그런데 영업자들은 93퍼센트를 차지하는 요소를 배제하고 자꾸 7퍼센트의 작은 요소에만 집중하니 영업이 어려울 수밖에 없는 것이다. 고객이 당신을 신뢰하고 멋진 전문가로 인식할 수 있게 만들어줘야 한다. 당신의 제스처를 통해서 말이다. 이것이야말로 고객이 나를 '갑'으로 인식하게 만드는 '갑의 법칙'이다.

갑의 법칙 첫 번째는 여유다. 영업자들은 항상 급하다. 고객보다 말이 빠르고 행동도 빠르다. 사람은 자신보다 많이 그리고 빠르게 움직이는 사람을 높은 사람으로 인식하지 않는다. 5미터 정도 떨어진 거리에서 고객과 영업자가 만났다. 과연 누가 먼저 뛰어갈까? 당연히 영업사원이다. 너무나 뻔한 답이다. 우리 스스로 고객보다 낮은 위치에 있다고 생각하기 때문에 먼저 뛰어간다. 기억하라. 항상 고객보다 여유 있게 행동해야 고객이 당신을 얕보지 않는다. 고객의 앞에서 조급해하거나 쫓기지 마라. 여유 넘치는 표정과 말의 흐름, 행동, 품격 있는 영업자의 모습을 보여주어라.

두 번째, 터치다. 고객을 먼저 터치하라. 이것이야말로 흐름을 리드해나갈 수 있는 가장 좋은 방법이다. 터치가 뭐 그렇게 대수로운 거냐고? 텔레비전 속 드라마의 한 장면을 생각해보자. 회장님이 지나가는 길에는 수많은 직원들이 양옆에 일렬로 정렬해 서 있다. 그리고 회장님이 악수를 청하려 손을 내밀면 양손으로 그 손을 꼭 잡고 머리를 숙여 악수한다.

나는 퇴근할 때 우리 회사 직원들의 어깨를 두드리며 말한다. "먼저 갈게요. 수고들 하세요." 하지만 우리 회사 직원들이 퇴근할 때 나에게 이렇게 할 수 있을까? 절대 불가능하다. 우리의 무의식 속에 잠재되어 있는 학습된 인식, 바로 낮은 사람은 높은 사람을 향해 먼저 터치할 수 없다는 생각 때문이다. 나는 너무 오랜 시간 동안 이 갑의 법칙을 공부해왔고 연습해왔기 때문에 어떤 고객을 만나더라도 자연스럽게 먼저 악수를 청한다.

"반갑습니다. 안규호라고 합니다."

먼저 터치를 주도함으로서 대화의 흐름도 리드한다.

마지막으로 세 번째, 지시다. 당신은 고객에게 지시하고 있는가, 부탁하고 있는가? 앞서 말했듯이 의사, 변호사, 약사 등 전문가들은 환자에게 부탁하지 않는다. 의사도, 변호사도, 약사도 환자에게 지시를 내린다.

"고객님 이거 어떠신가요?"

"이걸로 하시면 됩니다. 여기에 사인하세요."

갑의 영업자라면 두 가지 중 어떤 멘트를 해야 하겠는가? 당연히 두 번째 멘트가 맞다. 강하고 자신감 있게 고객에게 지시해야 한다. 계속해서 반복적으로 말이다. 처음 고객을 만났을 때 최소한 5번 이상 지시를 내려야 한다. 반복적인 지시는 사람을 순응하게 한다. 고객이 내 말에 언제나 순응할 수 있도록 만들기 위해서는 고객에게 지시를 내리는 것에 익숙해져야 한다. 아무렇지 않고 당연하게 고객에게 지시할 수 있어야 당신이 갑의 위치에 설 수 있다. 처음에는 이 세 가지 갑의 법칙이 익숙하지 않을 것이다. 이게 익숙했다면 이 책을 읽고 있을 리도 없다. 지금부터라도 꾸준히 연습하고 실천하라. 이 3가지 법칙이 당신의 매출을 2배, 3배 올려줄 테니 말이다.

"저는 낯가림이 심하고 쑥스러움이 많아 고객과 처음 친해지기까지 힘들지만 오랜 시간 지내다 보면 다들 저에게 진국이라고 하시더라고요."

수강생이 했던 이야기다. 지금껏 들었던 황당한 이야기 중 다섯 손가락 안에 포함되는 말이다. 오래도록 알고 지낸 사람 치고 나쁜 사람은 없다. 아마도 그랬다면 지금쯤 안 만나고 있을 테니까. 고객에게 당신을 오랜 시간 곁에 두고 알고 싶어 하는 마음 따위는 존재하지 않는다. 필요하니까 만나는 거다. 3초, 5초, 10초 이 찰나의 순간에 고객을 사로잡지 못하면 당신에게 그다음 기회는 주어지지 않는다. 기억하라. 3초, 5초, 10초 이 찰나의 순간이 우리의 매출을 결정한다는 사실을 말이다.

영업대장 안규호의 '이것만은 기억하라'

☑ 깔끔한 첫인상 3초, 자신을 한 문장으로 설명할 수 있는 인사말 5초, 자신감 있는 태도 10초. 18초면 당신의 모든 것을 보여주기에 충분하다. 고객은 1분도 채 되지 않는 이 짧은 순간에 당신을 판단하고 결정한다.

나오게 하라, 말하게 하라

2016년 겨울은 매우 뜨거웠다. 아마 내 기억으로는 2002년 월드컵 이후로 가장 뜨거웠던 것 같다. 대한민국의 모든 매스컴에서는 비선실세, 탄핵, 광화문, 촛불, 태극기라는 단어로 가득했고 100만 명이 넘는 사람들이 광화문으로 모여 촛불을 켰다.

결국 2017년 3월 10일 대통령은 탄핵됐다. 대법원에서 탄핵이 선고된 이후 사람들은 촛불과 태극기로 나뉘었고 충돌했다. 그리고 아직까지도 서로의 입장을 고수하고 있다.

그 이후 명절이 되어 부모님을 모시고 큰집에 가게 되었다. 많은 친척들이 모였고 저녁을 먹는 자리에서 정치 이야기가 나오게 되었다. 그리고 논쟁이 시작됐다.

"젊은 것들이 뭘 안다고! 이 나라, 이 국민 이만큼 먹고살게 해준 게 누군데 은혜도 모르고. 대통령이 뭘 잘못했어. 다 주변 사람들이 잘못한 거지."

"그런 말씀 마세요. 어디 가서 그런 말씀하시면 사람들이 손가락질해요. 뉴스 안 보세요? 온 나라를 범죄 소굴로 만들었어요."

뜨거운 논쟁은 계속되었다. 결국 친척들 모두 격앙되었고 서로 그만하라며 말리다가 휴전에 들어갔다. 하지만 오랜 논쟁 끝에도 서로의 의견은 조금도 좁혀지지 않았다. 자, 이 상황에서 한쪽이 다른 한쪽의 생각을 바꿀 수 있을까? 내 생각에는 어떤 설득의 달인이 온다고 하더라도 불가능하다. 극명하게 갈린 의 견으로 대립하는 경우 말로 설득한다는 것은 너무나 소모적인 일이다. 상대가 이미 마음의 문을 닫았다면 더욱 그렇다.

어쩌면 이와 비슷한 힘든 일을 해내려고 하니 우리 영업자 들의 삶이 고달픈 거다. 말로 고객을 설득하려고 하지 마라. 고 객 스스로 인정하고 납득할 수 있도록 만들어줘야 한다. 설득하 는 것이 아니라 이해하기 쉽도록 설명해줘야 한다. 고객에게 파 는 것이 아니라 고객이 자신의 입으로 산다는 말이 나오게 만들 어야 한다.

영업의 고수는 절대로 팔지 않는다. 고객이 스스로 사게 만들 뿐이다. 고객이 자신의 입으로 말하게 하라. 우리가 할 일은 흐름에 맞추어 고객에게 좋은 질문을 던지는 것뿐이다. 자 그렇다면 이에 필요한 질문 화법 4단계를 소개한다.

첫 번째, 상황 질문이다. 누구나 공감할 수 있고 사실에 입각한 당연한 질문을 던지는 것이다. 이때 고객이 마음을 열 수 있도록 자연스러운 질문을 던지면서 고객의 정보, 배경을 수집하고 신뢰를 쌓는 게 중요하다. 포인트는 고객의 말문을 트이게 하고 마음의 문을 열어가는 것이다.

"여기까지 오시느라 고생 많으셨어요."
"오늘 날씨 정말 좋네요."
"식사하셨어요?"
"공장에 설비가 엄청 많으시네요."
"돈 많이 드셨겠어요."

흔히 말하는 아이스 브레이킹을 시작하는 것이다. 그런데 영업자 중 이 상황 질문을 너무 길게 하는 이들이 있다. 어차피 고객은 당신이 온 목적을 알고 있고 당신에게 많은 시간을 할애하지 않는다. 대화만 늘어지고 서로 지칠 뿐이다. 상황 질문은 간단히 마치고 본론으로 들어가야 한다.

두 번째, 문제 질문이다. 일단 첫 번째 상황 질문으로 고객이 처한 상황에 대해 충분한 정보를 파악했다면, 문제 질문으로 자연스럽게 이동해야 한다.

"회사를 운영하시면서 지금 어떤 점이 가장 힘드시죠?"
"지금 타는 차량의 어떤 점이 가장 마음에 안 드시죠?"
"지금 쓰는 제품은 어떤 점이 가장 불편하세요?"
"왜 이 제품을 유심히 보시는 건가요?"

고객 스스로 현재 자신의 문제점, 어려움, 불편함, 불만을 느끼고 말하도록 유도하는 것이다. 자신의 문제점을 충분히 인지시켜 그 심각성을 깨닫게 하고 해결점을 찾게 만드는 것이다. 많은 영업자들이 간단한 상황 질문 후 바로 제품 설명으로 넘어가려고 한다. 문제에 관한 질문을 충분히 하지 않는다.

고객에게 중요한 것은 지금 당신의 제품이 얼마나 좋은지 아는 게 아니다. 스스로 무엇을 필요로 하고 원하고 있는지를 인지하게 만들어야 한다. 내가 가장 중요하게 생각하는 질문이 바로 이 불편함에 대한 질문이지만 대부분의 영업자들은 이를 간과하곤 한다. 고객의 생각을 묻지 않으면 당신의 영업은 절대로 성공할 수 없다.

세 번째, 심화 질문이다. 고객에게 적절한 문제 질문을 던졌고, 고객이 현재 자신의 문제점을 스스로 인식했다면 한 단계 더 앞으로 끌고 나가야 한다.

"지금 이 문제를 계속 방치할 경우 어떻게 될까요?"

고객에게 현재의 문제점을 계속해서 방치할 경우 얼마나 더 안 좋은 상황이 벌어지고 얼마나 더 큰 손해를 보게 될지 알려주는 것이다. 문제를 더 심각하게 받아들이도록 만들고 고객을 더 슬프고 불안하게 만들어야 한다. 당신의 문제는 지금뿐 아니라 앞으로 더 안 좋은 결과를 만들어낸다는 것을 인식시키는 것이다.

그런데 많은 영업사원들이 고객에게 문제점을 묻고 생각하게 만드는 것이 아니라 자기 입으로 직접 이야기하며 생각을 강요한다. 그러니 고객들은 '이 사람이 나에게 팔아먹으려고 별 이야기를 다 하는구나.'라고 여긴다. 같은 문제를 놓고도 누가 말하느냐에 따라 결과는 180도 달라진다. 고객이 스스로 생각하고 말하도록 만들어야 한다.

네 번째, 해결 질문이다. 우리가 왜 지금까지 고객이 스스로 문제점을 깨우치게 하고 생각하게 만들었을까? 바로 우리가 해결해주기 위해서다.

"이 문제점이 해결되면 대표님은 어떤 이득을 더 얻게 되시는 건가요? 그럼 대표님, 이 문제들만 해결해드리면 되는 건가요?"
"네."

우리는 지금껏 끊임없는 질문을 통해서 고객의 문제를 알아냈다. 이제 고객이 원하는 것을 모두 알아냈으니 해결해줄 때다. 누가? 바로 당신이 말이다. 이미 고객이 스스로 도와달라고 말했고 나와 계약하겠다고 말했다. 그럼 일은 이미 90퍼센트 이상 성사된 거나 마찬가지다. 고객이 이 문제점들만 해결해주면 된다고 말했으니 이것만 해결해주면 우리의 영업은 간단히 끝난다. 구구절절 고객을 설득하기 위해서 떠들어댈 필요가 없다.

이것이 내가 세상에서 가장 완벽하다고 생각하는 세일즈 멘트다. 모든 것을 고객이 스스로 생각하고 말하게 만드는 것이다. 고객을 당신의 말로 설득하려고 하지 마라.

우리는 너무나 쉽게 설득이라는 말을 사용한다. 하지만 어쩌면 설득이라는 것은 정치적 견해의 충돌처럼 세상에서 가장 어려운 일이다. 당신이 할 수 없는 일은 과감하게 포기하라. 되지도 않을 일을 해내려고 하지 마라. 뻔히 쉽고 간단한 길이 있는데 어렵게 가는 건 바보들이 하는 짓이다. 지금껏 어려운 길을 가려고 했기 때문에 당신의 영업이 힘들었던 것이다. 혼자서 애쓰지 말고 고객에게 질문하라. '뭐가 문제인지, 뭘 원하고 있는지.' 당신의 영업에 마법 같은 일이 벌어질 것이다.

영업대장 안규호의 '이것만은 기억하라'

☑ 고객의 가장 가려운 부분을 긁어주었을 때, 그 부분을 찾아내는 좋은 질문을 던졌을 때 계약이 성사되는 법이다.

똑같은 100만 원이
싸게 느껴지는 까닭

당신이 새로운 차를 구매하려고 한다. 차 내부 디자인이나 자체의 크기, 그 밖에 모든 것들, 외부 디자인을 제외한 모든 것이 큰 차이가 없는 두 대의 자동차가 당신 앞에 놓여 있다. 그런데 A 차량의 가격은 5,000만 원이고 B 차량의 가격은 1억 원이다. 당신은 어떤 자동차를 선택하겠는가?

일반적인 사람이라면 두말할 것도 없이 A 차량을 구매할 것이다. 굳이 두 배의 가격을 지불하고 비슷한 조건의 차량을 살 사람은 없기 때문이다. 그런데 현실에서는 상황이 다르다. 아주 단순한 방법으로 두 배나 더 비싼 B 차량을 구매하게 만들 수 있다. 차량의 브랜드만 바꾸어주면 가능해진다. 소비자들은 두 배 이상 가격 차이가 나는 차라도 가격을 지불하고 구매한다. 왜 그럴까? 바로 그 브랜드에 그만한 가치가 있다고 판단하기 때문이다.

고객이 구매를 결정하는 기준은 매우 간단하다. 자신이 지불하는 가격과 수고, 노력 등 투자하는 것보다 더 많은 것을 얻으면 되는 것이다. 경제적 이득, 추상적 가치, 개인의 감정 등 그게 무엇이든 더 많은 것을 얻는다고 느끼게 만들어주면 구매는 이루어진다. 수치화할 수 있는 경제적인 이득일 수도 있고 정말 주관적인 가치가 될 수도 있다. 어떤 것이든 상관없다. 고객이 자신에게 충분한 이득이 된다고만 느끼면 된다.

한번은 아내와 별것 아닌 문제로 말다툼을 한 적이 있다. 말다툼의 원인은 다름 아닌 청소기였다. 한가한 주말 저녁 아내가 말했다.

"오빠, 우리 청소기 하나 새로 사자."

"마음대로 해, 청소기 얼마나 한다고."

"진짜지? 사라고 했어."

"사라니까. 얼마인데 그래."

"응, 100만 원."

"뭐?"

나는 청소기 가격을 듣고 소스라치게 놀랐다. 순간 버럭

할 뻔했으나 참아냈다. 청소기가 100만 원이라니. 내가 아무리 평소에 전자제품에 대해 모르고 가격 기준이 없다고 할지라도 100만 원은 너무 심하다는 생각이 들었다.

"무슨 청소기가 그렇게 비싸? 비싸다고 청소가 더 잘되는 것도 아니잖아."

"비싼 거 아니야. 오빠가 몰라서 그래. 그리고 오빠가 청소 하는 것도 아니잖아."

"그럼 100만 원짜리 청소기가 싸다는 거야?"

"매일 쓰는 청소기가 100만 원이면 비싼 건 아니지. 청소도 훨씬 더 잘되고, 솔직히 오빠 옷 한 벌 값도 안 하잖아."

그건 맞다. 나도 돈을 그렇게 알뜰하게 사용하는 사람은 아니다. 한 철 입고 못 입는 비싼 옷을 살 때도 있고, 술 모으는 것을 좋아해서 집에는 고가의 술이 가득하다. 술을 모으는 데 그다지 돈을 아끼지 않는다. 그래도 그렇지, 청소기가 100만 원이 넘는다는 것은 도저히 납득이 가지 않았다.

4,500원짜리 담배 사는 것은 아깝지 않아도 500원짜리 라이터는 절대 사기 싫은 것처럼 나에게 100만 원짜리 청소기라는 것은 그만한 가치를 느낄 수 있는 제품이 아니다. 그런데 아내는 100만 원짜리 청소기가 비싼 것이 아니라고 말한다. 충분히 합당한 가격이라고 생각한다. 부부가 똑같은 제품을 놓고도 서로 다른 가치를 부여한 것이다.

필요하면
사는 게 고객이다!

가격 경쟁력 중요하다.

하지만 고객에게 더 중요한 것은

그 제품이 그럴 만한 값어치가 있느냐다.

그 기준에 부합하면 아무리 비싸더라도 고객은 산다.

고급 슈트에 아낌없이 투자하는 사업가,

100만 원짜리 청소기를 사는 주부,

각자의 기준만 다를 뿐 다 똑같은 이치다.

우리가 일상생활 속에서 흔하게 겪는 일이다. 나는 아내와 싸우다 지쳐 투항했고, 결국엔 그 청소기를 구입하게 되었다. 아내의 말에 설득된 것이 아니라 가정의 평화를 위해 그 돈을 지출하기로 결정한 것이다. 내게 100만 원보다는 아내와 싸우지 않고 편하게 집에서 있을 수 있는 내 심신의 안정이 더 가치 있다고 결론을 내렸기 때문이다.

지금 소비자들에게 당신의 제품이 얼마나, 어떤 기능이 더 있는지는 그다지 중요한 문제가 아니다. 당신의 제품이 가격 대비 얼마나 뛰어난지, 즉 가성비가 있는지가 더 중요한 것이다.

국내에 '빈센트 앤 코'라는 명품 시계가 판매된 적이 있었다. 100년 동안 유럽 왕실에만 납품되었다는 이 명품 시계는 강남 일대 부유층과 연예인들에게 많은 사랑을 받았고 수백만 원에서 억 대가 넘는 제품까지 불티나게 팔려나갔다.

하지만 1년 6개월 만에 이 시계의 정체가 밝혀졌다. 이 고가의 명품 시계 브랜드는 유럽에서는 존재하지도 않은 브랜드였고 원가 10만 원도 채 하지 않는 중국에서 만든 싸구려 제품의 시계였다. 사람들에게 이 브랜드의 시계는 어떤 기능이 있는지 얼마나 좋은 제품인지가 중요한 것이 아니었다. 엄청난 고가의 제품이지만 브랜드에 그만큼의 가치가 있다고 생각했다. 이 시계를 차는 순간 자신이 빛날 수 있다고, 더 돋보일 수 있다고,

지불하는 가격보다 더 많은 것을 얻을 수 있다고 판단한 것이다.

구매의 기본 요소는 이렇듯 아주 단순하다. 고객이 지불하는 가격보다 더 많을 것을 주면 된다. 고객이 1만 원을 지불했는데 2만 원의 이득을 준다면 안 사는 사람이 이상한 것 아니겠는가!

"이건 안 사면 고객님 손해입니다."

고객에게 이런 말을 자신 있게 할 수 있다면, 고객이 그 말을 믿도록 만든다면 당신은 분명 톱클래스 영업자가 될 수 있을 것이다. 고객에게 더 많은 이득을 주어라. 판매하기 위한 가장 기본 조건이다.

영업대장 안규호의 '이것만은 기억하라'

☑ 고객에게 자신이 지불하는 금액보다 더 큰 이익을 얻을 수 있다는 확신을 주어라.

팔고자 한다면 전단지부터 버려라

당신이 처음 고객을 만났을 때 고객은 어떤 반응을 보이고 있는가? 반가운 마음으로 환하게 웃으며 두 팔 벌려 당신을 환영하는가? 아니면 '그래, 한번 얘기나 해봐. 어차피 난 구매하지 않을 테니.' 딱딱하게 굳은 표정으로 심드렁하게 받아들이는가? 후자는 내가 처음 영업을 시작했을 때 한결같은 고객들의 반응이었다. 대부분의 고객들이 나의 이야기에 집중하지 않았다.

"지금 바빠요. 그냥 명함이나 두고 가세요. 왜요? 시간 없으니까 빨리 말씀하세요."

바쁜 일로 분주하게 움직이거나 내가 나눠준 전단지를 흘깃 쳐다보고 버릴 뿐이었다. 나를 쳐다봐주는 고객은 그 누구도

216

없었다. 고객이 당신에게 집중하지 않는다면 절대로 판매에 성공할 수 없다. 고객에게 판매를 하고 싶다면 나에게 집중하게 만들어야 한다. 나의 눈을 바라보며 나에게 빠져들게 만들어야 한다. 기회는 한 번뿐이다. 단 한 번의 기회로 고객이 나에게 집중하도록 만들어야 한다.

세계적인 유리 제조 회사인 미국의 '코닝'에서 안전유리를 출시했다. 두 장의 유리 사이에 투명한 플라스틱판을 넣은 제품으로, 쉽게 깨지지 않는다는 게 최대의 장점인 제품이었다. 그런데 처음 이 제품이 출시되었을 때 깨지지 않는다는 혁신성에도 불구하고 높은 가격 때문에 시장에서 주목받지 못했다.

하지만 단 한 명의 영업자가 시장의 판을 완전히 뒤바꿔 놓았다. 그는 1년 만에 미국 북부에서 최고의 실적을 거두었고 전국 세일즈맨 대회에서 최다 판매상을 수상했다. 모든 사람들이 그의 판매 비법을 궁금해했다. 그러나 그는 자신의 판매 방법에 특별한 건 없다며, 다만 고객이 직접 눈으로 보고 느끼고 체험할 수 있도록 만들어 주었을 뿐이라고 설명했다.

그의 쿨한 반응과 달리 사실 이 방법은 어떤 백 마디, 천 마디 말보다 고객을 빠르고 쉽게 설득해냈다. 그는 안전유리를 판매하기 위해 다른 영업자들처럼 전단지를 들고 가서 이러쿵저러쿵 설명하지 않았다. 평범한 전단지 대신 직접 제작한 6인치

크기의 유리 샘플과 뾰족한 쇠망치를 함께 가지고 다녔을 뿐이다. 그러고는 고객에게 이렇게 물었다.

"깨지지 않는 유리를 보고 싶으세요?"
"그런 게 어디 있어요? 그런 건 불가능해요."

그는 유리 샘플을 책상 위에 올려놓고는 쇠망치를 하늘 높이 들어 있는 힘껏 유리 샘플을 내려쳤다. 그 광경에 깜짝 놀란 고객은 본능적으로 펄쩍 뛰면서 손으로 얼굴을 가렸다. '꽝' 소리와 함께 유리 샘플은 쇠망치에 부딪혔지만 깨지지 않았다. 고객들은 멀쩡한 유리 샘플을 보며 믿을 수 없다는 표정과 함께 놀라워했다. 그리고 마지막에 그는 고객에게 이렇게 클로징 멘트를 남겼다.

"써보시겠습니까?"

무슨 말이 더 필요하겠는가! 고객의 마음을 킬하는 완벽한 킬링 멘트다. 그의 판매 비법을 알게 된 코닝은 다음 해에 회사의 모든 영업자들에게 유리 샘플과 쇠망치를 지급하고 전국을 누비게 했다. 이 방법이 통했는지 수많은 고객의 입소문을 타며 회사는 막대한 판매 수익을 올리게 되었고, 미국 최대의 유리 제조 회사로 성장했다.

그의 노하우는 널리 알려지게 되었고 전국에 있는 영업자들이 그의 방법을 쓰게 되었다. 그런데 재미있는 건 똑같은 조건임에도 그가 다시 최우수 영업자로서 전국 세일즈맨 대회에 입상한 것이다. 그러자 사람들이 다시 그에게 물었다.

"똑같은 방법을 사용했는데도 왜 당신은 다른 영업자들보다 많은 판매를 할 수 있는 거죠?"

"저는 다른 영업자들과 똑같지 않습니다."

그는 더 이상 그 스스로 쇠망치를 들고 유리를 내려치지 않았다. 오히려 고객들에게 망치를 쥐어주고 직접 유리를 내려치게 했다. 본인이 직접 쇠망치로 내려찍어도 깨지지 않는 유리를 보며 고객들은 자연스럽게 주문서를 작성했다.

그는 고객들을 제품에 대해 전혀 관심이 없는 방관자에서 직접적인 참여자로 만들고자 했으며, 그렇게 했다. 관점을 달리해 단숨에 모든 고객을 집중시켰다. 진정한 영업의 고수로 성공하고 싶다면 고객을 집중시켜야 한다. 고객이 당신을 바라보고 있어야 한다. 고객의 시선이 분산된 채로는 당신의 어떤 말도 고객의 머릿속으로 들어갈 수 없기 때문이다.

예전에 비데를 판매할 때 나 역시 전단지를 들고 고객과 미팅하지 않았다. 굳이 그 크고 무거운 비데를 들고 방문했다. 커

다란 비데를 들고 가서 테이블 위에 딱 올려놓고 설명하면 분주했던 고객도 나를 주목했다. 고객들은 나와 비데를 신기하다는 듯이 바라보며 이곳저곳을 만졌고 나의 설명에 집중했다. 마케팅의 귀재 댄 케네디는 고객에게 이런 첫마디를 이끌어냈다.

"정말입니까? 어떻게 해야 하는데요?"

지금 당장 고민하라. 어떻게 고객을 당신에게 집중시킬 것인지 말이다.

영업대장 안규호의 '이것만은 기억하라'

☑ 고객을 쳐다보게만 두지 말고 직접 보고 느끼고 만져보게 해라. 궁금하게 하고 제품의 가치를 스스로 믿게 만들어라. 그 순간 고객은 당신의 말에 귀를 기울이고 집중하게 될 것이다.

오늘 팔지 못하면
영원히 팔지 못한다

사람들은 한정판에 열광한다. 과거 한정판 마케팅이라고 하면 고가를 자랑하는 명품 브랜드에서나 할 수 있었던 방법이었다. 하지만 얼마 전 뉴스에서 중저가 브랜드의 한정판 옷을 구매하기 위해 전날부터 텐트를 치고 기다리고 있는 사람들의 모습이 뉴스에 등장했다. 더 놀라운 사실은 이 옷을 구매하기 위해 줄을 선 많은 사람 중 절반가량은 옷을 입기 위해서가 아니라 재테크를 위해서 줄을 서고 있다는 것이다. 이른바 '리셀러'들이었다. 이들은 한정판을 구입해 자신들이 지출한 가격의 최소 2배 이상 높은 가격으로 다시 시장에 판매한다. 이런 일은 이제 사람들이 많이 찾는 옷이나 유명 브랜드에서만 벌어지는 일이 아니었다.

얼마 전 수강생 중 한 분이 내게 물었다.

"대장님,《메신저가 되라》라는 책을 가지고 계신가요?"

"네, 있어요. 정말 좋은 책이죠. 그런데 왜 그러시죠?"

"제가 그 책을 꼭 읽고 싶은데 이미 절판되어 구할 수가 없어서요. 중고로 사려니까 16만 원이네요. 사기에는 조금 부담스러워서 대장님께 빌릴 수 있을까 해서요."

"네? 16만 원이요?"

정가 1만 6,000원짜리 책이 중고시장에서 10배 높은 가격에 거래되고 있다는 사실에 놀랐다. 사고 싶지만 쉽사리 살 수 없는 것. 이제 희소성이라는 것은 곧 돈을 의미하는 시대가 되어버렸다.

그런데 우리 영업자들은 어떤가? 우리에게 희소성이라는 가치가 존재하는가? 고객이 부르면 "아이고, 감사합니다."를 외치며 한걸음에 달려가고 있지는 않은가? 희소성은 고사하고 흔하디흔해 고객들의 발에 치이고 있지는 않은가? 많은 고객들이 이렇게 말한다.

"생각해보고 연락드릴게요. 좋네요. 집사람이랑 상의해보고 연락드릴게요."

그래놓고 다시 연락을 주는 고객이 얼마나 될까? 10퍼센트가 채 안 될 것 같다. 사실 생각해보겠다는 말은 거절하겠다는 완곡한 표현이다. 종종 고객과 상담하면서 클로징에서 실패할 때가 있다. 분명히 상담할 때 현장 반응이 좋았고 나와 꼭 계약하겠다고 말까지 했는데 집에 돌아가서는 감감무소식이다. 도대체 왜 그런 것일까?

고객의 마음은 갈대처럼 흔들리라고 있는 것 같다. 하루에도 수백 번, 수천 번 마음이 바뀌고 게다가 주변 지인들에게 조언까지 구하기 시작하면 이미 판매는 저 멀리 안드로메다행이다. 고객이 지금 내 눈앞에 있는 순간, 상담을 받고 있는 이 순간에 구매를 하게 만들어야 한다.

그러기 위해선 고객이 지금 당장, 지금 이 순간에 사야 하는 합당한 이유를 만들어줘야 한다. 지금 나에게 구매하는 것이 자신에게 얼마나 많은 이득을 주는가를 알려주어야 한다. 지금 나에게 사야 하는 이유를 만들어주어야 한다.

나의 첫 번째 책이자 베스트셀러가 된 《나는 인생에서 알아야 할 모든 것을 영업에서 배웠다》를 출간한 후 많은 강의 요청을 받게 되었다. 살면서 단 한 번도 꿈꿔보지 않았던 강사가 된 것이다. 잘나가는 경영 컨설턴트, 영업자에서 강사로 인생이 180도 바뀌어버렸다. 처음 강사로 데뷔했을 때는 영업을 할 때보다 수입이 10분의 1 이상으로 줄어들었다. 과거에는 유명 강사를 보면 '참, 입으로 편하게 먹고살아서 좋겠다.'라며 시기심 반 비아냥 반으로 폄하하곤 했다. 그러나 내가 막상 겪어보니 강사도 자신만의 고유한 콘텐츠를 만들어내고 직접 강의를 팔아야 돈을 벌 수 있는 또 다른 극한의 영업이라는 새로운 사실을 알게 되었다. '아! 이 돈도 안 되고 힘든 일을 계속해야 하나?' 고민했지만 이왕 시작한 거 끝장을 보자는 생각으로 법인 영업과 세일즈 교육이라는 나만의 콘텐츠로 정규 과정을 만들고 마케팅과 관리 직원을 뽑아 조직을 꾸리고 회사를 설립했다.

처음에는 550만 원짜리 정규 과정을 개설했는데 첫 달에 2명의 수강생이 내 강의를 신청했다. 모르는 사람들이 보면 그래도 1,000만 원은 벌었다고 할 수도 있겠지만 내 인건비를 제외하더라도 직원들 급여에 사무실 임대료, 마케팅 비용 등 이것저것 빼고 나면 나에게는 심각한 적자였다. 최소한 4명 이상은 강의를 신청해야 겨우 본전치기였다. 계속 경영 컨설팅 회사만 운영했다면 못해도 한 달에 3,000~4,000만 원의 수익은 들어왔을 텐데 수익은 고사하고 한 달에 1,000만 원가량 적자가 나니 매우 심각한 문제였다.

해결책을 찾아야 했다. 여러 가지 문제를 보완해나갔다. 콘텐츠를 조금 더 세련되게 다듬고 고객 DB를 늘려 더 많은 사람들에게 홍보했다. 또 신참 강사 티가 나지 않도록 노련한 인기 강사들의 영상과 그분들의 세미나에 참석했다. 그리고 내가 강의하는 모습을 녹화해 모니터링하며 계속 더 발전시켰다. 마지막 킬링멘트를 만드는 것도 잊지 않았다. 하지만 시간이 지나도 수강생은 5명을 넘지 못했다. 몇 달째 큰 발전이 없었다. 고심 끝에 마지막 승부수를 던졌다. 생각해보고 결정하는 것이 아니라 현장에서 바로 신청하도록 합당한 명분을 만들어주었다.

현장에서 바로 신청서를 작성하고 결재까지 완료하는 수강생들에게는 100만 원이 넘는 인터넷 마케팅 과정을 무료로 들을 수 있는 혜택을 제공했다. 오늘 당장 계약하는 사람들과 나중에 계약하는 사람들에게 많은 차이를 두었다. 결과는 대성공이었다. 신청자 수는 2배 이상 증가했다. 덕분에 처음 2명으로 시작했던 나의 강의는 4달 만에 20명이 넘는, 성공한 강좌가 될 수 있었다. 그리고 지금은 한 달에 60명이 넘는 수강생들이 나의 강의를 듣고 있고, 수강 신청도 한 달에 두 번밖에는 받고 있지 않다.

물론 희소성의 원칙, 하나만 가지고 지금처럼 성공할 수 있었던 것은 아니었다. 2명, 3명 처음에 나의 강의를 들었던 수강생들이 현장에 나가 나의 노하우를 실천했고, 그것이 성과로 이어져 많은 수익을 창출했다. 그러자 자신의 주변 지인들, 심지어 한 수강생은 자신의 남편까지 회사를 그만두게 하고 과정을 신청하게 했다. 내 자랑이지만 좋은 교육 커리큘럼과 수강생들의 성공 스토리 등 여러 가지 요건들이 잘 조합되었기 때문에 월 수익 1억을 버는 성공한 강사가 될 수 있었다. 한 가지 확실한 건 지금 당장 고객이 당신에게 사야 하는 이유를 만들어낼 수 있다면 당신의 매출은 최소한 두 배는 오르게 된다는 것이다.

지인 중 실적으로 전국 열 손가락 안에 드는 상위 0.1퍼센트의 보험 세일즈맨이 한 분 있다. 이분은 항상 계약 직전 마지막 킬링 멘트를 남긴다.

"고객님이 지금 제가 설계한 대로 결정하지 못하신다면 고객님은 저와 계약을 하고 싶으셔도 최소한 한 달 이상은 기다리셔야 합니다. 한 달 후에는 보험료가 더 오를 수 있고 고객님에게도 다른 변수가 생길 수 있습니다. 더 좋은 조건에 지금 계약하시겠습니까? 아니면 잠깐의 망설임으로 더 안 좋은 조건으로 한 달 후에 계약하시겠습니까?"

흔하디흔한 영업자의 모습은 아니다. 지금이 아니면 나를 만나고 싶어도 번호표 뽑고 최소한 한 달 이상은 기다려야 한단다. 언제나 고객들은 그분이 설계해온 대로 흔쾌히 계약을 한다. 고객의 눈에 당신은 어떤 영업자일까? 부르면 언제든지 달려오는 흔하디흔한 그런 영업자일까? 아니면 당신만의 가치를 지니고 있는 멋진 '온리 원'의 성공한 영업자일까?

고객이 당신 눈앞에서 사인하지 않는다면 그 계약은 깨진 것이나 다름없다. 고객을 그냥 돌려보내지 마라. 지금 팔지 못하면 영원히 팔 수 없을지도 모른다. 오늘 당신에게 꼭 사야 하는 이유를 선물하라. 당신의 매출이 2배는 더 오르게 될 것이다.

영업대장 안규호의 '이것만은 기억하라'

☑ 흔하디흔한 영업자가 아니라 단 1명뿐인 영업자가 돼라. 생각해보겠다고 거절하는 고객에게 지금, 당장, 당신에게 사야만 하는 이유를 선물하라.

영업은 왼손이 하는 일, 오른손이 모르게 하는 것

'가장 상업적인 건 가장 상업적이지 않아 보이는 것이다.' 내 중요한 좌우명 중 하나다. 비즈니스를 하다 보면 정말 많은 사람들을 만나게 된다. 똑같은 이유로 만나는 사람인데도 어떤 사람을 만나보면 믿음직스럽고 전문가의 느낌을 주는 덕에 기분 좋게 일을 진행할 수 있는 반면에 또 어떤 사람에게서는 내가 아주 싫어하는 특유의 냄새가 난다. 영업의 쩐내. 우리는 흔히 이런 사람들을 사기꾼의 냄새가 난다고도 한다.

말을 잘한다는 건, 영업자에게 아주 좋은 장점이 될 수 있다. 그런데 어떤 사람은 말을 잘해도 사기꾼의 냄새가 나고 또 어떤 사람은 전문가의 향기를 풍기며 짧은 시간 안에 고객에게 믿음을 준다. 당신에게서는 과연 어떤 향기가 나고 있을까? 억대 연봉의 영업 고수, 상위 1퍼센트의 영업자로 성공하고 싶다면 지금 당신에게서 나고 있는 장사꾼의 냄새, 영업의 냄새를 빼야 한다.

내 친구들 중에는 자동차부터 시작해서 휴대폰, 보험, 정수기, 카드, 등 웬만한 영업자는 모두 있다. 가끔 그 친구들 모임에 참석해보면 어떤 친구는 정말 이 자리에 친구로서 참석했다는 느낌이 들지만 또 어떤 녀석은 이 모임에 영업하기 위해 나왔다는 느낌을 지울 수 없는 경우가 있다. 영업하려고 참석한 친구들은 말투부터 행동까지 모두 티가 난다. 어떤 이야기를 하고 있어도 머릿속에는 온통 자신의 영업만 생각하고 있으니 모든 이야기의 흐름을 억지로 그쪽 방향으로 끌고 간다.

한번은 라이딩을 즐기는 친구들과의 저녁자리에서 이런 이야기를 한 적이 있었다.

"너 이번에 오토바이 새로 샀다며, 어떤 거 샀어?"

"응, 중고로 할리데이비슨 한 대 샀어."

"얼마 줬어? 연식은? 색깔은? 잘 나가?"

이런 이야기를 나누고 있는 와중에 보험 영업을 하는 친구 녀석이 갑자기 끼어들었다.

"너, 오토바이 샀어? 오토바이는 너무 위험해. 보험 꼭 들고 타야 돼. 너 보험 든 거 뭐 있어?"

"야! 그만 좀 해!"

친구들의 핀잔이 쏟아졌다. 새로 구입한 오토바이에 대해서 재미있게 이야기하고 있는데 갑자기 오토바이는 위험하다며 보험 이야기를 꺼낸다. 순간 찬물을 확 끼얹은 분위기로 변했다.

꼭 사적인 자리에서 술기운을 빌려 농담 반, 진담 반으로 불편하게 일 이야기를 하며 약속을 잡는 경우가 있다. 이런 친구들의 특징은 눈빛부터 다르다. 눈빛이 풀어지지 않는다. 아주 활활 불타고 있다. 열정이 느껴진다. 주변 사람들이 모두 느낄 만큼 부담스러운데도 불구하고 말이다. 정작 당사자인 본인만 모르고 있다. 지금 자신의 눈빛이 얼마나 살기 가득한 열정에 불타고 있는지 말이다. 상대방에게 무언가 먼저 이득을 취하려는 생각과 태도, 나는 이것을 영업의 쩐내라고 말한다.

많은 영업자들이 실수하는 게 있다. 고객에게 먼저 도움을 주고 이득을 바라는 것이 아니라 자신들의 말로 먼저 이득을 취하고 그다음에 고객에게 이득을 돌려주려고 하는 것이다. 고객에게 먼저 무언가를 팔려고 한다.

파는 것이 아니라 고객이 스스로 사도록 만들어야 한다고 입이 닳도록 말했다. 당신이 먼저 제품에 대한 이야기를 꺼내는

것이 아니라 고객이 먼저 당신의 제품에 대해서 묻도록 만들어
야 한다. 이것이 영업 냄새를 빼내는 것이다. 지인들에게 열심히
찾아가 "보험 들어."라고 권하는 대신에, 지인이 찾아와 "나 보험
에 대해서 좀 궁금한 게 있는데."라고 말할 수 있도록 만들어야
한다. 그래야 최고의 영업자다.

특히 영업의 냄새가 가득한 곳이 있다. 바로 SNS이다. 장
사하는 사람들, 영업하는 사람들, 무언가를 팔아야 하는 입장이
되면 일단 그 사람의 SNS가 바뀐다. 평소에는 SNS를 하지도 않
던 사람이 갑자기 '좋아요'를 열심히 누르고 다니며 자신의 페
이지에 지금 팔고 있는 제품에 대한 이야기로 온통 도배를 해
놓는다. 냄새를 빼기 위해 노력해도 모자랄 판국에 아주 대놓고
"나 영업하니, 하나만 사주세요." 하며 영업의 냄새를 온 사방에
퍼트리는 것이다.

나도 한번은 친구 녀석의 SNS를 보고 이 녀석이 보험 회사
에 새로 입사했다는 사실을 알 수 있었다. 보험 이야기, 고객 만
난 이야기로 가득 채워 놨으니 말이다. 그리고 얼마 뒤 나에게
전화가 왔다. 나는 생전 연락을 잘 안 하던 친구 녀석의 전화를
받고 이렇게 생각했다.

'벌써 내 차례가 된 건가. 뭐라고 거절해야 하지.'

당신의 눈빛에,
미소에, 손짓 하나에 밴
영업의 '쩐내'를 빼라.

고객은 단번에 알아챈다.

당신의 눈빛이 순수한 의도로 도와주려는 것인지,

뭔가를 자신에게 팔고 싶어서 접근하는 것인지.

먼저 얻고자 하는 마음을 버리고

먼저 돕고자 하는 마음으로 다가가라.

이익은 당신의 그런 마음을 따라오게 되어 있다.

웃기는 일이지만, 내가 법인 관련 보험 영업을 한 지 4년이 넘었으나 친한 지인들도 이 사실을 몰라 나에게 보험을 권유하는 지인들이 꽤 많다.

나는 친구 녀석의 영업 냄새 가득한 SNS를 통해 어떤 이야기를 할지 미리 알아차렸고 그의 이야기를 들어주는 것이 아니라 거절을 먼저 준비했다. 어떤 설득의 귀재가 온들 이미 거절을 준비한 나를 설득시킬 수 있을까?

나는 영업하는 사람들이 제발 이런 바보 같은 짓 좀 안 했으면 좋겠다. 이건 가뜩이나 힘든 자신의 영업을 더 힘들게 만드는 일이다. SNS로 홍보를 하고 싶다면 어떤 방법으로 사람들의 마음을 움직이고 어떤 방식으로 홍보를 해야 하는지 최소한의 공부라도 하고 마케팅 관련 책이라도 한 권 읽고 시작하길 바란다. 세상은 당신의 생각처럼 그리 만만하지 않으니 말이다.

받고 싶은 것이 있다면 먼저 주어라. 어떤 고객을 만나든 당신이 먼저 도움을 줄 준비를 하라. 먼저 받으려고 하는 사람에게는 영업의 쩐내가 나지만 먼저 주는 사람에게는 영업 냄새가 나지 않는다.

도움을 주었지만 받지 못했다고 해서 실망하고 포기할 필요도 없다. 아직 냄새가 다 빠지지 않았기 때문이다. 누군가를 먼저 돕는 일을 꾸준히 제대로 하다보면 당신의 몸에 밴 영업의 쩐내는 빠지고 최고의 전문가, 메신저의 냄새가 온 주변을 향기롭게 해줄 것이다. 무언가를 팔려고 노력하지 마라. 고객들이 갖고 싶고 사고 싶어 하는 당신이 되도록 노력하라. 고객들이 앞다투어 당신을 찾아오게 될 것이다.

영업대장 안규호의 '이것만은 기억하라'

☑ 노골적인 눈빛과 표정, 말투, SNS에 제품 홍보를 도배하는 짓 따위 당장 내다 버려라. 팔려는 냄새를 빼고 도와준다는 향기를 풍기는 순간 고객이 당신을 향해 날아들 것이다.

Part 4

'좋은 영업'은 '좋은 질문'에서 나온다

고객에게 찾아간다는 전제하에 질문하고 답을 구하면 제대로 된 답을 찾을 수 없다. 어떻게 하면 고객이 찾아오게 만들까라고 묻고 답을 찾아야 한다. 그 질문에서 '갑'의 영업이 시작되는 것이다. 지금 당장 당신에게 던지는 질문을 바꿔라. 좋은 질문이 좋은 영업을 만든다.

제대로 된 답을 원한다면 제대로 질문하라

"질문이 세상을 바꾼다. 제대로 된 질문을 하라. 그래야 제대로 된 답이 나올 수 있다. 그리고 제대로 된 질문을 하기 위해서는 전제를 바꿔라!"

관점 디자이너 박용후 대표의 말이다. 몇 년 전 강연에서 들었던 이 한마디는 나의 영업 인생을 180도 바꿔주었다. 사람들은 자신에게 제대로 된 질문을 하지 않는다. 그러니 원하는 답이 나오지 않고 인생이 바뀌지 않는 것이다.

극단적인 선택을 하는 사람들은 '내가 계속 살아야 하나, 죽어야 하나?' 이런 질문을 던진다. 그러니 당연히 좋은 답이 나올 수 없고 결과도 좋지 않다. 질문 자체에 이미 힘든 세상, 죽음이라는 전제가 깔려 있어서다. 박용후 대표의 말처럼 우리는 스스로에게 던지는 잘못된 질문과 그 전제를 바꿔야 한다.

'오늘은 뭐 하지?'라는 질문을 던지는 것이 아니라 '오늘 어떤 일을 해야 나의 삶이 더욱 행복해질까?'라는 질문을 던져야 행복에 관한 답을 찾을 수 있다. '배고픈데 뭐 먹지?'가 아니라 '어떤 음식을 먹어야 나의 몸이 더 건강해질까?'라는 질문을 던져야 내 몸에 더 건강한 답을 찾을 수 있는 것이다. 내가 내 이야기도 아닌 남의 이야기를 굳이 꺼내는 이유는 특히 영업자들이 가장 많이 하는 질문이자 가장 잘못된 질문에 대해 말하고 싶어서다.

'오늘은 어디 가지? 누구를 만나러 가지?'

이미 우리 영업자들은 고객에게 찾아간다는 전제하에 질문하고 답을 구하고 있다. 그러니 제대로 된 답을 찾을 수 없고 원하는 결과를 이루지 못한다. 영화 '올드보이'를 본 기억이 있는가? 주인공 오대수는 '왜 나를, 15년 동안이나 가두었을까?'라는 질문 속에 빠지지만 결국 답을 찾아내지 못했고 복수에 실패하고 만다.

왜 실패했을까? 바로 제대로 된 질문을 던지지 못했기 때문이다. '왜 나를 15년 만에 풀어주었을까?'라는 질문을 던졌어야 제대로 된 답을 찾을 수 있었던 것이다. 잘못된 질문을 던지는 영업자는 아무리 시간이 지나도 영업이 힘들다. 영업으로 제대로 된 답과 원하는 결과에 도달할 수 없기 때문이다. 나는 그의 강의를 다 듣고 난 다음 질문을 바꿨다.

'어떻게 하면 고객을 찾아오게 할 수 있을까?'
'어떻게 해야 내가 '갑'이 될 수 있을까?'
'오늘은 어떤 고객이 날 찾아올까?'

질문을 바꾸자 제대로 된 답이 나오기 시작했다. 과연 고객들은 어떤 영업자를 찾아갈까? 자신에게 도움을 줄 수 있고 도움이 되는 영업자, 바로 전문가다. 가만히 있으면 고객들이 나를 찾아올까? 어떻게 하면 고객들이 날 찾아오게 할까? 영업자로서의 포지셔닝과 고객이 날 찾아오게 하는 방법에 대해 끊임없이 고민하기 시작했다.

그리고 마침내 그 해답을 찾았다. 바로 '마케팅'이다. 많은 사람들이 마케팅이라고 하면 온라인 마케팅을 가장 먼저 떠올린다. 하지만 마케팅의 사전적 의미는 상품을 판매하고 유통하기 위해 하는 모든 수단을 말한다. 즉 자신만의 콘셉트를 기획하고 브랜딩하고 판매하는 데 필요한 온, 오프라인의 모든 수단이 마케팅인 셈이다.

'어떻게 하면 고객을 만날 수 있을까?'
찾아가는 방법을 고민하는 영업자.

'어떻게 하면 고객이 날 원할까?'
찾아오는 방법을 고민하는 영업자.

당신은 지금 무엇을 고민하고
질문하는 영업자인가?

나 자신에게 제대로 된
질문만 던져도
고객이 먼저 찾아오는
영업자가 될 수 있다.

나는 영업을 하면서 동시에 마케팅을 시작했다. 고객들이 나를 찾아오게 만들었고 내가 찾아가더라도 고객들이 나를 전문가로 인식할 수 있게 만들었다.

앞에서 내가 말했던 텔레마케팅 사례가 생각나는가? 그때 나는 전화를 돌리는 초보 영업사원으로서의 나와 전문 컨설턴트의 나를 철저히 분리했다. 전화를 하고 다음 날 고객을 만날 때는 어제 통화했던 안규호가 아니라 전문 컨설턴트 안규호로 소개했다. 그래서 멘트도 이렇게 했다.

"처음 뵙겠습니다. 안규호라고 합니다. 간단한 내용은 저희 직원에게 전달받았지만, 다시 한 번 저에게 자세히 말씀해주시겠어요?"

내가 먼저 스스로 잘나가는 억대 연봉자, 전문가라고 마인드 컨트롤했다. 일일이 고객들에게 전화를 했지만 정작 고객을 만난 자리에서는 다른 사람처럼 굴었다. 나는 모든 영업을 이런 방식으로 해나갔다. 실적을 위해 찾아간 영업자가 아니라 정말 고객에게 도움을 주기 위해 찾아온 전문가처럼 당당하게 행동하고 여유 있게 말했다. 이 방법은 고객들에게 충분한 신뢰를 주게 해줬고 나를 프로페셔널한 영업자로 포지셔닝하게 해주었다.

전단지 한 장도 회사에서 주는 것이 아니라 나만의 색깔이 배어 있는 전단지를 제작해서 돌렸다. 그리고 현수막을 걸고 텔레마케팅을 하고 블로그와 카페, 홈페이지를 통해서 마케팅을 했다. 영업을 하는 동안 계속 이 방법을 사용했고, 시간이 지나자 정말 나의 바람대로 직접 영업을 하지 않고도 영업이 되는 상위 1퍼센트 영업자의 반열에 오를 수 있었다. 고객과 상담만 해주어도 되는 위치에 오른 것이다. 스스로에게 던지는 질문을 바꾸었기에 가능한 일이었다.

선배 영업자들의 위대한 무용담이 현실인 시대가 있었다. 영업사원들이 판촉물 가방을 둘러메고 돌아다니며 열심히만 해도 충분히 먹고살 수 있을 만큼 영업이 되던 시대가 말이다. 지인이 영업한다고 하면 주변 사람들이 너도나도 나서서 물건을 구매해주고 소개시켜주던 그런 황금 같은 시대였다.

하지만 2018년, 21세기의 치열한 현장에서 일하고 있는 우리로서는 꿈꿀 수 없는 이야기다. 이제는 시대가 바뀌었고 세일즈의 판이 바뀌었다는 것을 정확히 인지해야 한다. 방법을 바꾸어야 한다.

더 이상 무작정 돌아다니며 아무 니즈도 없는 고객들에게 민폐를 끼치고 지인들을 쫓아다니며 실적을 구걸하고 내 물건을 사주지 않았다는 이유로 인간관계를 정리하는 그런 영업의 시대는 끝났다.

지인이건 고객이건 당신을 찾아오게 만들어라. '어디 가면 고객들을 만날 수 있을까?'를 고민하지 말고 '어떻게 하면 더 많은 고객들이 나를 찾아오게 할 수 있을까?'를 고민하라. 마케팅을 어렵게 생각하지 마라. 당신이 하고 있는 모든 것이 마케팅이다. 엄연히 따지면 돌방도 마케팅은 마케팅이다. 다만 힘들고 효과가 없을 뿐이지.

세일즈의 판이 바뀌었다는 사실을 명심해라. 변화를 인식하라. 더 이상 구닥다리 낡은 영업 방식에 대한 생각과 마인드를 버려라. 그리고 바뀌어버린 이 세일즈의 세상에서 어떻게 최고가 될 수 있을지 끊임없이 고민하라. 당신이 스스로에게 제대로 된 질문을 던진다면 당신 스스로가 최고의 해답을 가져다줄 것이다.

영업대장 안규호의 '이것만은 기억하라'

☑ 나에게 먼저 제대로 된 질문을 하라. 찾아가는 영업이 아닌 찾아오는 영업을 고민할 때 톱클래스 영업자로 향하는 답을 찾을 수 있을 것이다.

영업은 회사가 아니라 당신을 위해서 하는 거다

나는 아무리 바쁜 날에도 아침 시간 10분만큼은 꼭 신문을 읽는 데 사용한다. 어렸을 때부터 길러진 신문을 읽는 습관은 내 자신에게도 그리고 고객들을 만나서 여러 가지 이야기를 하는 데도 많은 도움이 된다.

그런데 신문을 볼 때마다 안타까운 광경을 자주 목격하게 된다. 바로 영업자들이 신문에 삽지를 해서 뿌리는 전단물이다. 회사에서 보내준 일괄적인 전단지, 아무 특색도 없고 호기심도 불러일으키지 못한다. 그리고 가장 큰 문제는 전단지를 보고 영업자가 떠오르는 것이 아니라 회사와 제품만 기억에 남는다는 것이다.

'○○자동차 월 납입금 30만 원, ○○오피스텔 평당 500만 원, 수익률 15%'

'○○대리점 ○○에게 전화주세요. 입구에서 ○○를 찾으시면 사은품 드립니다.'

회사 제품만 열심히 광고하고 정작 가장 중요한 자신의 이름은 전단지 맨 밑에 작게 넣는다. 그것도 성의 없는 스탬프로. 내가 생각하는 최악의 마케팅이다. 이 방법이 과연 효과가 있다고 생각하는 걸까? 아니면 마지못해 하고 있는 것일까? 팔고자 하는 상품에 집중하려는 것은 십분 이해할 수 있다 쳐도 판촉 목적이 도무지 불분명하다.

마케팅은 상식적으로 생각하면 쉽다. 당신은 지금 누구를 위해 일하고 있는 것인가? 회사의 수익을 위해 일하고 있는가? 아니면 본인의 경제적 풍요와 행복을 위해 일하고 있는가? 도대체 왜 당신의 황금 같은 시간과 돈을 투자해서 회사만 홍보해 주고 회사의 수익 창출을 위해서만 일하고 있는가? 솔직히 당신이 마케팅을 하려는 이유는 회사와 제품 홍보가 목적이 아니라 고객이 꼭 당신에게 사도록 하기 위해, 당신을 통해서만 사게 만들도록 유도하기 위함이 아닌가?

전단지 한 장, 현수막 한 장을 만들더라도 당신을 홍보해야 한다. 회사에서 판매하는 자동차가 우리나라 점유율 1위를 하고, 회사에서 판매하는 아파트가 하루 만에 완판이 되고, 당신의 보험회사 상품이 1,000만 개가 팔려도 당신이 팔지 못했다면 아무런 의미가 없다. 내가 너무 이기적으로 생각하는가?

예전에 절수형 비데를 판매했을 때 일이다. 본사를 제외하고 대리점이 30개쯤 있었는데 나도 그 대리점 중 하나를 맡고 있었다. 영업자가 100명이 조금 넘었다.

우리가 팔던 비데는 스스로 물을 조절함으로써 변기로 사용되는 물의 양을 30~60퍼센트 정도 절약해주는 것이 특징이었다. 한 달에 수도세가 몇 천만 원이 넘게 나오는 대학교나 대형 병원, 빌딩 등에서 이 비데를 사용한다면 변기의 물 사용량을 40퍼센트가량 절약할 수 있었으므로 제품 경쟁력은 충분했다.

'와, 한 달에 수도세가 3,000만 원 나오는 곳에서 50퍼센트만 절약해도 1,500만 원 절약이 되고 비데 대여비로 월 500만 원씩 내도 1,000만 원이 남으니 무조건 남는 장사구나. 이거 대박이다! 이제 정말 돈 버는 일만 남았다!'

제품에 충분한 경쟁력이 있다고 판단했고 이제 더 이상 어렵게 영업하지 않고 많은 돈을 벌 수 있다는 희망에 가슴이 막 벅차올랐다. 게다가 비데 한 대당 수당도 좋았기 때문에 이제 정말 돈 버는 것은 식은 죽 먹기라는 생각에 온몸이 떨려왔다. 미래에 대한 희망이 머릿속에 가득 찼다. 본사의 설명회가 끝나기도 전에 현장에서 바로 모든 금액을 지급하고 대리점 계약을 체결했다.

그런데 웬걸, 막상 비데를 가지고 현장에 나가 보니 반응은 내 생각과는 정반대였다. 나는 회사에서 하도 특허, 특허를 강조하기에 절수형 비데라는 것이 국내에 오직 그 회사에만 존재하는 유일무이한 제품이고 기술력이라고 생각했다. 하지만 막상 시장에 나가 보니 대기업뿐 아니라 중소기업 제품까지 합치면 절수형 비데는 셀 수 없이 많았다.

게다가 대형 기업들의 담당자를 만나려고 해도 도통 만날 길이 없었다. 고객을 만나야 영업을 하든 말든 하는데 이건 만나는 것 자체가 너무 힘들었다. 대학교와 대형 병원은 이미 너무 많은 영업자들이 찾아와 포화 상태였고 무작정 찾아간다 하더라도 담당자들이 낯선 영업자인 나를 만나주지도 않았다. 어렵게 기다려서 담당자를 만나도 이미 많은 제품에 대해 알고 있었고 브랜드 파워가 약한 중소기업의 제품에 관심을 가져주는 담당자는 한 명도 없었다.

'아차, 이거 내가 큰 실수를 했구나! 너무 쉽게 생각했다!'

땅을 치고 후회했지만 이미 대리점 계약 체결과 개인 사무실에 경리 직원까지 너무 많은 금액을 투자한 상태였다. 어떻게든 본전은 뽑아야 했고 살아남아야 했다. 머리를 쥐어짜내서 방법을 찾기 시작했다.

일단 제일 먼저 회사의 이름부터 바꿨다. 중소기업의 이미지를 지우고 뭔가 좀 더 전문적인 이미지를 만들기 위해 'OO 물절약 연구소'라고 회사 이름을 변경했다.

그리고 지금 우리나라의 물 절약 정책에 관련된 각 시, 도별 지자체와 환경부의 모든 공문을 찾기 시작했다. 우리나라는 물 부족 국가이기 때문에 공공기관에서는 다양한 물 절약 정책을 내놓고 있었는데, 그 점을 노린 것이다. 각 지자체에서 기업이나 물 사용량이 많은 곳에 보내는 공문 중 뭔가 힘이 있고 고객들에게 쉽게 다가올 만한 것들을 추려냈다.

"우리나라는 물 부족 국가이고 에너지 절약 정책으로 물 사용량이 얼마 이상 되는 곳에서는 변기, 수도를 포함한 모든 곳에 절수형 제품을 설치할 것을 권고함. 만약 이를 시행하지 않을 경우에는 벌금이 부과될 수 있음."

나는 회사 직원과 함께 타깃으로 잡은 업체에 전화를 돌리기 시작했다.

"안녕하세요, OO 물 절약 연구소의 안규호입니다. 혹시 이번에 시에서 물 절약 관련해서 내려온 공문은 보셨나요?"

"아니요, 무슨 공문이죠?"

열에 아홉은 알지 못했다. 각종 업무로 바쁜 직원들이 지자체에서 그냥 팩스로 하나 툭 보내는 공문을 제대로 확인할 리없었다. 나는 계속해서 대화를 이어나갔다.

"이번에 시에서 권고 사항으로 내려온 거라 꼭 확인하셔야 되는 중요한 내용입니다. 시행하지 않으시면 많은 벌금이 부과될 수 있습니다."

그럼 대부분 다시 한 번 공문을 보내줄 것을 요청한다. 그때 공문과 함께 내가 직접 만든 물 절약 연구소의 홍보물도 함께 보내주는 것이다. 비데 제품과 회사를 광고하는 것이 아니라 물 절약 연구소의 '안규호'를 강조했다. 그러자 서서히 담당자들에게 상담 요청이 들어오기 시작했다.

영업 방식을 바꾸었고 멘트를 바꿔 내가 찾아가지 않고도 고객들에게 연락이 올 수 있도록 만들었다. 물론 상담 요청이 들어온다 하더라도 모두 계약으로 이어지진 않았다. 이미 절수 제품이 설치된 곳도 많이 있었고 지하수를 사용하는 곳은 타깃에서 제외했다. 하지만 이 방법 하나로 나는 두 달 만에 시립 병원, 대학교, 대형 병원 이렇게 3곳에 나의 비데를 판매할 수 있었다. 덕분에 본사에서는 감히 넘볼 수도 없는 판매량을 기록할 수 있었고 전국에 있는 모든 대리점을 합친 양보다 많은 비데를 판매할 수 있었다.

내가 만약 계속해서 같은 방식으로 회사의 이름을 내세워 제품을 판매하려고 했다면 이런 성과를 거둘 수 없었을 것이다. 만약 시간이 지나 제품이 알려지고 고객들이 제품에 대한 필요를 느꼈더라도 내가 아닌 회사로 전화를 걸어서 제품을 구입했을 것이다.

지금 당신이 회사에서 시키는 대로 DM을 보내고 회사의 전단지를 고객들에게 발송하거나 발송할 준비를 하고 있다면 당장 그만두기를 바란다. DM 한 통을 발송해도 당신이 직접 만든, 고객에게 본인을 각인시킬 수 있는 DM을 보내고 전단지 한 장을 보내더라도 당신이 직접 만든 개성 넘치고 당신을 기억하게 할 수 있는 전단지를 보내라.

기억하라. 영업자에게 마케팅의 기본은 바로 당신 자신뿐이다. 당신을 알리고 당신을 찾아오게 하라. 당신에게 제품을 구입할 수 있게 만드는 것이 우리 영업자들이 해야 할 마케팅의 기본이고 정석이다.

영업대장 안규호의 '이것만은 기억하라'

☑️ 회사나 제품이 아닌 영업자 나 자신을 알리는 마케팅을 하라. 그 제품을 구입하려면 반드시 '나'를 통해서 구입하도록 말이다.

DB는 당신 주변 어디에나 넘쳐흐른다

"어떻게 해야 영업을 잘할 수 있죠?"

"지금 어떤 점이 가장 큰 문제라고 생각하세요?"

"만날 고객이 없어요. DB를 구하고 싶어요."

영업자들과 이야기를 나누다 보면 항상 비슷한 질문에 도달한다. DB가 없다고 아우성이다. 그런데 과연 처음부터 고객이 없었고 DB가 없었던 것일까?

갓 회사에 입사했을 당시는 성공에 대한 불타는 열정과 욕망, 회사의 지시로 어떻게든 지인들을 찾아다니고 여기저기 돌아다니며 고객들을 만나게 된다. 그리고 회사 차원에서 신입사원들의 정착을 돕기 위해 최소한의 고객 DB 한두 개 정도는 주는 경우도 많다. 고객 DB가 없었던 것이 아니라 DB를 제대로 사용하지 못해 사라진 것뿐이다. 나도 한때는 어떻게 하면 더 많은 DB를 구할 수 있을지, 어떻게 해야 더 많은 고객을 만날 수 있을지 머리를 싸매고 고민했던 적이 있었다. 하지만 지금은 다른 고민을 한다.

'어떻게 하면 성공률을 높일 수 있을까?'

'어떻게 하면 내가 가진 DB를 더 잘 활용할 수 있을까?'

DB의 존재 그 자체가 아니라 어떻게 하면 이 DB를 통해서 고객들이 나를 찾아오게 만들지, 어떻게 더 성공률을 높일까에 대해 고민한다. 관점을 바꾸어 생각해보면 사실 세상에는 DB가 넘쳐난다. 꼭 고객의 전화번호나 그들의 정보만이 DB가 아니다. 고객의 정보와 전화번호가 있다고 해서 나와의 계약이 성사되는 것은 아니기 때문이다.

예전에 영업할 때 한 달 동안 병원을 대상으로 영업할 일이 있었다. 아무것도 준비되지 않은 상태에서 갑자기 시작한 병원 영업이었지만 나만의 DB를 만들었고, 한 달 만에 3,000만 원이 넘는 급여를 받을 수 있었다. 어떻게 했을까? 자, 만약 당신이 병원을 상대로 영업을 해야 하는 상황이라면 어떻게 DB를 만들어내겠는가?

당시 내가 병원 DB를 만들어낸 방법은 너무나 간단했다. 지금 당장 네이버에 지역구 병원을 검색해봐라. 수백, 아니 수천 개의 병원이 검색된다. 오케이. 그렇게 나는 수천 개의 DB를 순식간에 만들어냈다. 그뿐인가? 병원 원장들이 모여 있는 수많은 카페들이 존재한다. 내가 그곳에 가입한다면 그 카페에 있는 몇 천 명의 회원들은 모두 나의 DB가 된다.

그다음에는 이렇게 만들어낸 DB로 고객이 나를 찾아오게 만들면 된다. 무식하게 찾아가는 돌방을 하는 것이 아니라 이들이 나를 찾아오게 나만의 영업 방법을 만들어내면 되는 것이다. 나는 그들이 원하는 것, 가장 니즈가 강한 것, 끌리는 정보를 계속해서 제공했다. 그리고 그들이 나를 검색했을 때 나에 대해서 알 수 있는 정보도 미리 만들어놓았다.

시스템만 제대로 갖추어놓고 고객이 원하는 제대로 된 미끼만 제공해도 고객들은 나를 찾아온다. 이 책을 읽고 당신이 나에 대해서 관심이 생긴다면 검색을 해보고 나를 찾듯이 말이다. 나는 한 달 동안 병원 영업을 위해 수천 개의 DB를 만들어냈고, 20개가 넘는 병원에서 미팅 요청을 받았다. 그리고 5곳의 병원과 계약을 맺게 되었고, 3,000만 원이 넘는 급여를 받을 수 있었다.

방법을 세세하게 설명할 순 없지만 나는 지금 당신이 가장 중요하게 생각하는 바로 그 DB가 사실 마음먹기에 따라 얼마나 만들기 쉬운지 말하고 있는 것이다. 그리고 더불어 강조하고 싶은 것은 그 'DB 자체'가 아니라 바로 DB를 통해서 어떻게 고객을 찾아오게 만들 것인가, 바로 'DB를 영리하게 활용하는 자신만의 방식'을 고민하라는 것이다.

나는 그동안 오랜 시간 영업에 대해서 공부하고 연구했다. 그리고 마케팅 분야에서 성공한 마케터들을 찾아다니며 수천만 원의 비용을 지불했다. 덕분에 일반인들은 절대로 알 수 없는 그들만의 숨겨진 노하우를 배울 수 있었다.

컴맹에 기계치였던 나에게 온라인 마케팅을 배우는 시간은 정말이지 고통의 연속이었다. 너무 많은 지식이 주입되다 보니 머리가 터져버릴 것만 같았다. 하지만 정말 새로운 세상, 신세계인 것만은 확실했다.

온라인 마케팅을 배우며 예전에 재밌게 보았던 '작전'이라는 영화가 떠올랐다. 지금은 고인이 된 배우 박용하 씨가 주연을 맡았던 영화였는데 주가 조작을 다룬 작품이었다. 주식 투자를 생업으로 삼는 개미 투자자인 주인공은 의도치 않은 사건으로 인해 어쩔 수 없이 작전 세력과 함께 일하게 된다. 그리고 그들과 함께하며 작전 세력이 어떤 방식으로 정보를 얻고 어떻게 시장을 주무르며 교란하는지 알게 되고 분노로 가득 차 그들에게 말한다.

"이러니 맨날 개미들만 죽어라 털리지. 도둑놈 새끼들."

"니들은 맨날 세력에 당했네, 작전에 당했네, 남 핑계만 대지, 지들이 머리가 나빠서 깡통 찼다는 얘기는 죽어도 안 해요."

작전 세력 주도자의 대답에 확 정신이 들었다. 아직까지도 가슴에 남는 명대사다. 사실 정보를 가진 자와 가지지 못한 자, 양쪽 모두 각자의 입장 차이가 있고 둘 다 맞는 이야기다. 하지만 한 가지 확실한 것은 모든 일의 결과는 남이 아니라 자기 자신에 의해서 결정된다는 것이다.

예전에는 나도 여러 가지 장사와 영업을 하면서 온라인 마케팅에 많은 시간과 돈을 투자했다. 블로그를 만들고 카페와 홈페이지, SNS까지 기본적인 채널은 모두 다 사용했다. 그러나 제대로 된 성과를 낸 것은 하나도 없었다. 오히려 광고비용만 날리고 흐지부지하다가 결국은 모두 사라졌다. 그리고 그 실패의 과정에서 알게 되었다. 왜 일반 개미 영업자들이 성과를 낼 수 없고 항상 당하고 있는지 말이다. 당신도 마찬가지로 지금 온라인 마케팅을 계획하고 있다면 다시 한 번 제대로 배우며 점검하기 바란다.

내가 처음 강의를 시작했을 때는 법인영업에 대해서만 강의를 할 뿐, 다른 강의는 하지 않았었다. 그런데 한 수강생이 나에게 말했다.

"대장님, 혹시 온라인 마케팅 강의는 안 하시나요?"

"생각 없는데, 왜요?"

"제가 200만 원을 주고 온라인 마케팅 강의를 듣고 있는데, 무슨 이야기인지 하나도 모르겠고 어떻게 해야 하는지도 전혀 모르겠어요. 대장님이 마케팅을 워낙 잘하시니까 대장님께 배우고 싶어요."

"마케팅 강의요? 저는 마케팅 전문가가 아니에요. 일단 그 강의가 어떤 내용인지나 한 번 봐드릴게요."

다행히도 그 수강생이 인터넷 강의를 듣고 있어 나도 볼 수 있었다. 그런데 내가 본 그 강의 내용은 영업인들에게 전혀 맞지 않았다. 우리는 광고로 먹고사는 마케터가 되기 위해 온라인 마케팅을 배우는 것이 아니다. 빠른 시간에 더 많은 영업 실적을 내기 위해서 마케팅을 도구로 사용하고자 배우는 것이다. 그런데 그 강의는 기초부터 아주 차근차근 마케터가 되는 법을 알려주고 있었다. 그러니 우리 같은 영업자들은 도통 무슨 내용인지도 모르겠고, 이걸 배웠다고 하더라도 실적 향상에 전혀 도움이 안 되는 것이다. 게다가 또 어떤 수강생은 보험 니즈를 가진 고객의 DB를 개당 5만 원씩 주고 매달 20개에서 30개씩 구입을 하는 수강생도 있었다. 문제가 심각했다.

모르면 눈 뜨고도 코 베어가는 세상이다. 결국 나는 수강생들의 요청과 더 이상 나의 수강생들이 헛돈을 쓰지 않도록 돕기 위해 자의 반, 타의 반으로 '알파고 마케팅'이라는 마케팅 강의까지 맡게 되었다.

덕분에 컴맹이었던 내가 지금은 온라인 마케팅까지 강의를 하고 있다. 알파고 마케팅에서 알려주는 내용은 아주 간단하고 심플하다. 앞서 말한 내 사례처럼 고객 DB를 만드는 법, 그리고 그 DB로 성과를 내는 법을 중점적으로 다룬다. 그 이외에 구구절절한 다른 이론은 들어 있지 않다. 차고 넘치는 마케팅 이론들은 내가 아니어도 가르쳐줄 사람들이 너무나 많으니 말이다. 이 강의를 들은 수강생들은 하나같이 이렇게 말한다.

"신세계, 혁신, 끝판왕, 사기."

지금은 알파고 마케팅을 들은 많은 수강생들이 현장에 나가 정말 많은 성과를 내고 있다. 내가 엄청나게 많은 것을 알고 있고 뛰어난 것을 가르쳐준 것이 아니다. 다만 지금까지 그분들이 무지했던 것이고 엉뚱한 것을 배우고 있었던 것뿐이다. 많은 영업자들이 고객 DB를 비싼 값에 구입하고 DB를 만들기 위해서 블로그, SNS 등 여러 가지 채널로 마케팅을 한다. 나는 그들에게 단호하게 말한다. 쓸데없는 짓 하지 말라고.

제대로 된 방법을 배우지 않고서 무작정 하는 온라인 마케팅은 시간 낭비, 노력 낭비, 돈 낭비만 될 뿐이다. 고객 DB 수집처럼 쉬운 일도 없다. 마케팅을 제대로만 배운다면 고객 DB가

부족할 리 없다. 100개, 1,000개 얼마든지 만들어낼 수 있다.

세상은 상상을 초월할 정도로 빠르게 발전하고 있고 그 속도에 발맞춰 정말 스마트하게 영업하는 사람들이 늘어나고 있다. 더 이상 고객 DB가 없다고 투덜대기만 하는 사람은 영업의 세계에서 도태되고 사라져버릴 것이다.

시대의 속도에 발맞추어 가라. 마케팅에 대해 조금만 공부한다면 앞으로 고객 DB에 대한 걱정은 없을 것이다. 고객의 DB는 넘쳐흐른다. 지금부터 당신은 DB를 걱정하지 말고 어떻게 해야 DB를 제대로 사용할 수 있을지에 대해서 고민하라.

영업대장 안규호의 '이것만은 기억하라'

☑ DB에 목숨 걸지 마라. DB를 보는 관점을 바꿔라. 세상에 당신이 활용할 수 있는 DB는 차고 넘친다. 다만 그 DB를 어떻게 활용해야 하는지 방법을 몰랐을 뿐이다.

적게 투자해서 많이 버는 법

얼마 전 아주 재미있는 기사를 접했다. 세계적인 기업에서 정규직 소프트웨어 개발자로 근무하는 A씨의 이야기였다. 그는 평범하고 조용한 정규직 직원이었다. 회사에 있는 듯 없는 듯하지만 그렇다고 성과가 나쁘지는 않았다. 오히려 평균 이상의 성과를 내고 탁월한 업무 능력을 인정받아 1억 7,000만 원의 고액 연봉을 받는 직원이었다.

그런데 근무 시간에 그가 한 인터넷 검색 기록을 살펴보니 대부분의 시간을 인터넷 서핑이나 페이스북 등을 살펴보는 데 쓴 것이 아닌가. 근무와 전혀 상관없는 개인적인 일을 했다는 사실이 밝혀지자 회사에서 조사에 착수했다.

조사관은 A씨의 불규칙한 근무 태도와 온라인 사용 기록을 조사했고 놀라운 사실을 발견하게 되었다. 지금껏 A씨는 자신의 모든 업무를 중국에 있는 아웃소싱 업체에 의뢰한 것이다. A씨는 아웃소싱 업체에 1년 동안 3,500만 원을 지급했고 정작 본인은 아무 일도 하지 않으며 1억 7,000만 원의 급여를 받고 있었던 것이다. 게다가 더욱 놀라운 것은 A씨는 다른 회사와도 프리랜서로 계약을 맺고 급여를 받으며 그 회사의 모든 일 역시 아웃소싱에 맡겼다.

이 기사를 읽으며 나는 감탄을 금치 못했다. 이런 걸 바로 천재라고 말해야 하나. 물론 그가 옳았다고 할 수는 없지만, 그의 이야기는 영업자들에게 분명한 인사이트를 제공한다. 모든 일을 혼자서 떠안을 필요가 없다는 것 말이다.

우리 영업자들은 철저하게 1인 기업이다. 혼자서 모든 일을 다 해내야 한다. 하지만 그것이 어디 말처럼 쉬운 일인가? 그런데 이 어려운 일을 해내려 하니 우리 삶이 팍팍한 것이다. 모든 일을 혼자서 해내려고 애쓰지 마라. 잘하지 못하는 일, 어려운 일, 하기 싫은 일은 과감하게 아웃소싱하라. 비용을 지출해 아웃소싱에 맡기고 제대로 확인만 할 수 있으면 된다. 그리고 우리는 그 시간에 더 많은 성과와 수익을 거두는 일에 집중해야 한다. 돈 몇 푼 아끼려고 혼자서 끙끙대며 모든 일을 직접 하다간 진짜 중요한 것, 당신의 시간, 당신만이 할 수 있는 일, 당신의 열정 등 더 큰 수익을 잃는 소탐대실이 될 수 있다.

어린 시절 나는 호기심 많은 장난꾸러기 사고뭉치였다. 시계, 장난감, 게임기 등 내가 손대는 물건은 만지는 족족 부서졌다. 어머니께서는 나에게 '마이너스의 손'이라는 별명을 붙여주셨다. 한번은 집에 청소기가 고장이 났는데, 나는 어머니의 만류에도 직접 고쳐보겠다며 드라이버를 들고 청소기 구석구석을 해체했다. 오랜 시간 공들였지만 결국 고치지 못했다. 못 고친 것이 아니라 아예 박살 내버렸다. 나중에 수리 기사님이 오셨지만 부품도 잃어버리고 더 망가뜨려 놔서 결국 새로운 청소기를 구입할 수밖에 없었다. 기사님은 큰 고장이 아니었지만 괜히 내가 만지는 바람에 수리가 불가능해졌다고 말씀하셨다. 어머님은 이렇게 말씀하셨다.

"규호야, 네가 자신 없는 건 그냥 다른 사람한테 맡겨라."

농담 반, 진담 반으로 이런 일이 있을 때마다 나에게 이런 이야기를 자주 하셨다. 내 생각에도 아마도 그때부터였을 것 같다. 나는 다른 사람들에게 일을 시키는 것을 참 좋아하고 잘한다. 그럴수록 나의 성과는 더 좋아졌다.

학교를 그만두고 방황하는 열일곱 살에 배달 음식점에서

일을 한 적이 있었다. 그 음식점은 한 매장에 중국집, 야식, 치킨, 피자, 족발, 분식, 돌솥밥, 냉면, 등 20가지가 넘는 상호를 가지고 영업했다. 전화 받는 직원만 2명에 배달원 13명, 주방장은 8명이 넘었다. 점심, 저녁 시간이 되면 정말이지 전쟁터가 따로 없었다. 'ㄷ' 자 모양으로 쫙 이어진 주방에서 각기 다른 수십 가지의 음식이 쏟아져나왔고 배달은 해도 해도 끝이 나질 않았다.

나는 매장에서 가장 막내였고 갓 들어온 신입이었다. 처음에는 선배들처럼 정말 쉬지 않고 열심히 배달을 했다. 배달이 너무 많아 하루에 13시간 넘게 일해야 했고 일이 끝나면 녹초가 되어버렸다. 2001년 당시 최저 시급은 1,860원이었고 배달원들은 모두 동일하게 3,000원을 받았다. 그런데 한 달 정도 일을 해보니까 여러 곳에서 음식이 나와서 각각 가져가니 정신이 없었다. 비슷한 지역은 음식이 다르더라도 묶어서 한 명이 배달을 가는 게 신속하고 편할 것이라는 생각이 들었다. 누가 시키지 않았지만 내가 나서서 음식들을 정리해주었다.

"형, 그거 배달 갈 때 저것도 바로 옆이니까 같이 가져가세요, 그리고 형은 이거랑 저거 같이 가지고 가시구요."

이렇게 내가 중간에서 비슷한 지역별로 묶어 사람들을 보내니 일이 훨씬 더 빨라졌다. 처음에는 건방지다는 말도 들었지만 그렇게 말했던 형들도 점차 일하는 시간이 줄어들고 일도 훨씬 더 수월해지자 아무 말 없이 따라주었다. 나는 자연스럽게 배달 일을 하지 않게 되었고, 그 누구도 거기에 대해서 불만을 갖지 않았다. 그렇게 한 달 정도 지나자 사장님께서 나를 부르셨다.

"규호야, 지금 홀에서 정리해주는 거 할 만해?"

"네! 재미있어요. 형들도 제 이야기 잘 따라주시구요."

"너는 앞으로 정리하는 일만 해. 그리고 너 지금 시급 3,000원이지? 다음 달부터는 6,000원으로 올려줄 테니 비밀 꼭 지켜야 한다."

당시 시급 6,000원은 정말 파격적인 제안이었다. 나는 일선에서 바쁘게 뛰어다니며 일하지는 않았지만 중간에서 조율을 잘한다는 이유 하나만으로 가장 높은 시급을 받는 직원이 되었다. 열일곱 살에 초보 배달원이 20명이 넘는 매장에서 말이다.

나는 지금도 한국세일즈성공학협회를 운영하며 온라인 마케팅을 통해 월 1억 원 이상을 벌어들인다. 그러나 처음 협회를 조직했을 때부터 내가 직접 마케팅을 해본 적은 없다. 잘할 수 있는 마케팅 직원들을 뽑아서 일을 맡겼다. 물론 내가 직접 할 수도 있다. 하지만 나는 더 큰 가치를 만들어낼 수 있는 생산적인 일에 집중한다. 직원들에게 적지 않은 급여를 지급하고 있지만 하나도 아깝지 않다. 그들로 인해 더 많은 수익을 창출할 수 있기 때문이다.

많은 사람들이 열심히 땀 흘리며 일할 때 보람 있는 하루, 성공에 가까워지는 하루를 보내고 있다고 착각하는 경우가 많다. 하지만 일선에서 가장 바쁘게 열심히 일한다고 해서 절대 많은 수익을 거둔다거나 높은 위치에 오를 수 있는 것은 아니다.

생각해보라. 현대자동차 회장이 직접 자동차를 생산하거나 개발하지는 않는다. 회장은 적절한 지시와 결정 그리고 인재를 등용할 뿐이다. 이 세상에는 어떤 분야든 당신보다 뛰어난 능력을 가지고 있는 전문가들이 존재한다. 당신 스스로 자신 없는 일, 어려운 일은 전문가를 찾아 그들에게 맡겨라. 그리고 당신은 골을 넣는 스트라이커가 돼라. 진짜 중요한 일을 하는 최종 결정권자가 되고 컨트롤 타워가 되어야 한다. 단, 컨트롤 타워인 당신이 모든 일을 지시할 수 있는 능력은 갖춰야 한다. 전문가라고 해서 무조건 믿고 맡겨 놓는 것은 절대로 안 된다.

더 스마트하게 더 빨리 성공하고 싶다면 가장 먼저 당신이 배워라. 뭐든지 직접 할 줄 알아야 한다. 그다음에 누구나 할 수 있지만 오랜 시간이 걸리는 단순 작업, 당신이 자신 없는 일, 하기 싫은 일, 중요하지 않은 일을 다른 사람에게 맡겨라. 그렇게 번 시간을 고객을 만나거나 자기계발, 기획 등 더 중요한 일을 하는 데 써라. 적은 돈을 투자해서 더 많이 벌어라. 돈 몇 푼 아끼려고 고된 업무에 지쳐버린 당신의 열정은 돈으로 다시 살 수 없고, 성과를 내지 못하고 잃어버린 그 시간 역시 돈으로 살 수 없다. 당신의 일을 다른 이에게 적절히 분산할 수 있는 능력이 된다면 당신의 매출도, 당신의 인생도 지금보다 훨씬 더 스마트해질 것이다.

영업대장 안규호의 '이것만은 기억하라'

☑ A부터 Z까지 온갖 일을 혼자서 다 해낼 필요가 없다. 중요한 일, 성과가 가장 극대화될 수 있는 일에 집중하고, 부수적인 일은 아웃소싱을 하라.

곁불이라도 쬐야
성공도 맛볼 수 있다

2018년 가장 핫한 트렌드는 바로 '공감과 위로'다. 너무나 빠르게 변화하고 치열하고 냉정한 사회를 살다 보니 사람들이 많이 지친 것 같다.

나도 때로는 누군가에게 투정을 부리고 싶고 위로를 받고 싶을 때가 있다. 힘들 때 누군가에게 나의 진솔한 이야기를 전부 털어놓을 수 있고 나의 이야기에 귀를 기울여주는 사람이 있다면 근심, 걱정 따위는 훌훌 털어버리고 더 나은 내일을 살 수 있을 것 같다. 그런데 문제는 비슷한 사람들끼리 나누는 공감과 위로는 아무 소용이 없다는 것이다.

스물네 살에 나는 작은 싸움으로 인해 유치장에 갇힌 적이 있었다. 정말 어찌 보면 사소한 일이었지만 서로 감정싸움으로 번지는 바람에 합의가 되지 않았고 나는 유치장에 꼬박 2박 3일을 갇혀 있어야만 했다. 그런데 그곳에서 일어나는 모습이 아주 재미있었다. 내가 갇힌 방 안에는 도박꾼, 깡패, 사채업자, 사기꾼 그리고 나까지 총 5명이 있었다. 처음 만난 사람끼리 그곳에서 주고받는 대화가 가관이었다.

"여기 왜 들어왔어?"

이 말 한마디에 처음 보는 남자들끼리 대화의 물꼬가 터졌다. 24시간 밝게 켜진 형광등과 차가운 바닥, 낯선 환경, 텔레비전도 없고 휴대폰도 없다. 아무것도 할 것이 없다. 그러니 24시간 똘똘 뭉쳐서 서로의 고민을 들어주고 위로해준다. 그리고 이구동성으로 하는 말이 억울하다는 말이었다.

"그러네. 진짜 억울할 만하네. 괜찮아요. 잘될 거예요!"

단 한 명도 억울하지 않은 사람들이 없다. 모두 억울하다고 말한다. 심지어 내 옆방에 있는 남자는 성폭행 전과 6범이었는데 그도 자신이 억울하다고 말하고 있었다. 이곳에 더 있다가는 나도 이상해져버릴 것 같았다. 그리고 느꼈다. '정말, 끼리끼리 노는구나! 이래서 변하지 않는구나. 자신의 죄를 반성하고 변화하고 발전할 생각을 전혀 하지 않는구나!'

서로가 서로에게 공감하며 위로해주고 위안을 삼는 것은 좋다. 그러나 그렇게 계속 비슷한 사람끼리 만나 비슷한 생각을 하며 비슷비슷하게 살아간다면 반성과 변화, 발전 따위는 없을 것이다. 예전에 나의 멘토가 나에게 했던 말이 떠오른다.

"위안이 되는 사이가 가장 무서운 사이다."

위안은 자기만족이다. 내가 비록 극단적인 범법자들의 이야기를 했지만 이건 우리 주변의 일상 그 자체이다. 어떤 영업 조직을 가나 하수들이 가득한 곳에서는 그들끼리 똘똘 뭉쳐 다니고 그들의 응집력이 더 강하다.

의외로 톱클래스의 사람일수록 주변에 사람이 없다. 그들은 일만 하기에도 정신이 없다. 동료들과 한가하게 어울릴 시간이 많지 않다. 평범한 영업자들끼리만 뭉쳐서 서로에게 공감과 위로, 위안을 쏟아낸다. 그래서 계속 그 자리에 머무는 것이다. 비슷한 사람들끼리 뭉쳐 있으니 어떻게 발전할 수 있겠는가.

내가 처음 영업을 시작했을 때였다. 하루 14시간 이상 일을 해도 좀처럼 실적이 나오지 않아 힘들어했다. 그때 한 선배가 내게 이런 말을 해주었다. "너무 빨리 달리려고 하지 마. 이건 마라톤이야. 너는 지금 100미터 달리기 하듯이 가고 있어. 그러다 실적 계속 안 나오면 결국 지쳐서 혼자 쓰러진다. 페이스 조절을 해가면서 천천히 달려야 해."

멋진 말이다. 그러나 돌이켜보건대 그 말은 지금까지 들었던 조언 중 가장 최악의 조언이라고 생각한다. 나는 천천히 달리고 싶은 마음이 단 1퍼센트도 없었다. 그럴 여유도 없었고 그렇게 천천히 살아가고 싶지 않았다. 마라톤을 완주하면 무엇 하겠는가! 시간 내에 들어와야 하는 것이고 순위권에 들어야 더 멋지다.

우리 대부분은 인생이라는 마라톤을 완주한다. 중간에 포기하는 사람들도 있고 시간이 오래 걸리더라도 끝까지 달리는 사람도 있다. 하지만 나는 그 부류가 되고 싶지 않았다. 가능하면 빨리 완주하여 순위권 안에 들고 싶었다. 그냥 되는 대로 살아가는 사람 중 한 명이고 싶지 않았다. 내게는 부자라는 꿈이 있었기 때문이다.

그 선배는 당시 우리 회사에서 실적이 거의 꼴찌였고 지금도 별반 다를 바 없이 그저 그런 영업자로 살아가고 있다. 그분의 진심을 폄훼하고 싶지는 않다. 그러나 그 말은 영업이라는 판에서는 먹히지 않는다.

지금 당신의 주변을 돌아보라. 어떤 사람들과 어울리고 있는가? 지금 당신의 주변에 있는 사람들이 곧 당신의 모습이고 미래에도 변하지 않을 모습이다.

당신만 대단한 능력을 지니고 변할 것이라고 생각하지 마라. 남들도 다 그런 생각을 가지고 살아가고 있다. 누구나 다 부자가 되고 싶고 자신의 꿈을 이루고 싶다. 하지만 못할 뿐이다.

이유는 간단하다. 성공한 사람이 옆에 없기 때문이다. 고만고만한 사람들끼리 뭉쳐서 살기 때문에 변할 수 없는 것이다.

성공한 사람의 옆으로 가야 함께 성공할 수 있다. 그래서 많은 사람들이 비싼 돈을 내고 시간을 내면서 수백, 수천만 원짜리 강연을 듣고 그들과 연결 고리를 만들고 그들의 생각을 배우는 것이다. 성공한 어떤 분이 이런 말씀을 내게 해주었다.

"성공한 사람을 만나보지 않고 성공을 꿈꾸지 마라. 그리고 내가 만날 수 없는 사람은 책으로라도 만나라."

이 말에 동의한다. 그들의 말에 모든 걸 동의할 수는 없을지 몰라도 나는 그 성공한 사람들의 이야기를 듣고 그 안에서 나의 부족한 부분을 채웠으며 나만의 무기를 찾으려 애썼다. 그러자 내 인생이 달라지기 시작했다.

'당장 먹고살기 바쁜데 공부는 무슨, 강의 이딴 것들이 다 자기 자랑인 거지. 인생에 도움이 되겠어?'

20대 초반 철없던 시절도 있었다. 성공한 사람들의 이야기가 얼마나 큰 힘이 되는지, 그리고 그들의 에너지가 얼마나 많은 도움을 주는지 그때는 알지 못했다. 하지만 크나큰 실패를 겪고 난 후부터 내 자신의 능력을 발굴하는 데 몰두하기 시작했다. 그때 뼈저리게 느낀 것이 있기 때문이다.

돈은 언제든지 사라질 수 있고 나를 배신할 수 있다. 하지만 내가 만든 나의 가치는 절대로 사라지지 않고 나를 배신하지 않는다. 지금도 가끔 친구들을 만나서 내가 같이 강의를 듣자고 이야기하면 하나같이 똑같이 말한다.

"팔자 좋은 소리하고 앉아 있네."

이런 생각으로는 고만고만한 인생에서 발버둥 쳐도 벗어날 수 없다. 나는 강의를 하면서 항상 부정적인 주변 사람들과는 모두 등을 돌리라고 말한다. 당신이 잠깐 그들에게 등을 돌렸다고 해도 당신이 성공하고 나면 가장 먼저 다시 찾아오는 사람들이다. 나는 그게 가족이라고 하더라도 등을 돌리라고 말한다. 내가 새롭게 사업을 시작하고 책을 쓰고 새로운 것에 도전할 때마다 가족들이 하는 이야기가 있다.

"하지 마. 그냥 하던 거 계속해. 그런 건 아무나 하니?"

걱정으로 가득 찬 부정들뿐이다. 가족이랑 등을 지고 관계를 끊으라는 것은 절대 아니다. 다만 내가 어떤 새로운 일에 도전할 때 가족들에게는 바로 알리지 않는 것이 좋다는 것이다. 가족들의 날 향한 사랑과 걱정이 마음속에 불신의 씨앗이 되어 나중에는 걷잡을 수 없이 커지기 때문이다.

100세 시대를 살고 있는 우리는 지금 모두 다 미완성의 모습이다. 하루로 따지자면 이제 막 아침을 맞이했을 뿐이다. 스스로의 한계를 규정짓지 마라. 그리고 계속 더 높은 곳을 보고 스스로의 꿈을 향해서 계속 전진하라. 그리고 꿈을 이루기 위해서는 꿈을 먼저 이루었던 사람들의 곁에서 함께하라.

온통 부정의 기운이 가득한 사람들, 모든지 반대부터 하는 사람들, 남을 시기하고 험담하는 사람, 비관적인 사람, 이런 사람들 모두에게서 등을 돌려라.

그 대신 열정적이고 활기차고 긍정적인 사람, 노력하는 사람, 도전하는 사람, 언제나 행복한 사람, 성공한 사람들의 곁으로 가라. 당신과 같은 꿈을 꾸고 있는 사람, 꿈을 이루어낸 사람, 당신의 롤모델의 곁으로 가라. 당신이 어울리고 있는 사람들이 곧 당신의 모습이 될 것이고 그들이 당신의 성공을 도와줄 것이다.

옛말이 떠오른다. "까마귀 노는 곳에 백조야 가지 마라."

영업대장 안규호의 '이것만은 기억하라'

☑ 부정적으로 말하는 사람, 늘 그 자리에 안주하는 사람, 그러면서 오지랖 넓게 남 이야기에 관여하는 사람에게는 과감하게 등을 돌려라. 주변에 누가 있느냐에 따라 앞으로 당신의 모습이 바뀐다.

1%가 파는 법 vs 99%가 파는 법

사람들은 항상 고수의 비법을 궁금해한다. 나 역시 처음 영업을 시작했을 때 그리고 몇 년이라는 시간이 흐른 뒤에도 항상 그 비결이 궁금증으로 남았다. 하지만 지금은 전혀 궁금하지 않다. 알고 있기 때문이다. 그리고 그 방법을 토대로 나 역시 월 수익 1억 이상을 벌게 되었다.

보험 영업에 뛰어든 A라는 영업자가 있었다. 영업으로 성공해서 정말 폼 나게 한번 살아보고 싶었다. 에너지가 넘쳤고 열정으로 가득 차 있었다. 가족, 형제, 사촌, 친구, 선후배까지 살면서 한 번이라도 인연을 맺은 모든 지인들을 찾아다녔다. 물론 혼자서 잘 먹고 잘살기 위한 것은 아니었다. 그는 정말로 자신이 지인들을 돕는 것이라고 생각했다.

'사람들이 아직 보험에 대해서 잘 모르니까 내가 보험의 중요성에 대해서 알려주고 그들을 도와주어야겠다.'

지인들을 설득하기 위해 애썼다. 하지만 현실은 그의 생각과는 완전히 달랐다. 당연히 자신과 함께할 거라고 믿었던 사람들, 친했던 사람들에게 거절을 당하며 상처를 받았지만 굴하지 않았다. 거절의 상처보다는 아직까지 성공의 열정이 더 강했으니 말이다. 정말 미친 듯이 열심히 일했다. 하루에도 수백 킬로미터씩 돌아다니며 전국을 누볐다. 초반에는 어느 정도 성과를 거두는 듯했다.

하지만 시간이 흐를수록 처음 생각과는 다른 영업의 전장에서 몸과 마음은 점점 더 지쳐갔고 열정은 서서히 식어갔다. 물론 그만큼 수익도 줄어만 갔다. 월급날, 통장에 돈은 들어오지만 여기저기 돌아다니며 이것저것 영업비용을 쓰다 보면 통장은 언제나 마이너스였다. 더 큰 문제는 더 이상 만날 지인이 없다는 것이었다. 점점 더 불안해져갔다. 하지만 여기서 포기하고 싶지는 않았다.

그는 개척 영업을 하기로 결심했다. 사회초년생들과 재테크를 원하는 고객을 타깃으로 잡고 영업을 하기 시작했다. 출퇴근 시간이 되면 지하철 역 앞에 서서 쉴 새 없이 전단지와 명함을 뿌려댔다. 밥 먹는 시간도 아까워 지하철 역 앞에서 짜장면을 먹은 날이 부지기수였다. 오후에는 부지런히 고객들에게 전화를 돌렸고 대형 서점들을 돌아다니며 부동산, 재테크, 주식 관련 모든 서적에 자신의 명함을 일일이 끼워 넣었다.

하지만 점점 실적은 떨어져갔고 열심히 일할수록 점점 더 가난해져만 갔다. A씨의 사연은 영업의 단면을 보여주는 이야기다. 일을 할수록 더 가난해질 수도 있는 것이 영업의 세계다. 그는 1년 정도 더 영업을 하다 결국엔 그만두었고 돈이 된다는 분양 영업, 다단계 등 여러 업종을 전전하다 결국에는 개인회생을 하는 지경에 이르렀다.

이 이야기는 내 사무실 직원이 내게 오기 전까지의 실제 이야기다. 그는 나름대로 최선을 다했고 열심히 했다. 하지만 방법이 틀렸기 때문에 열심히 일을 했지만 성과는 내지 못했다. 주변에서 보기 어렵지 않은 평범한 영업자의 슬픈 이야기다.

하지만 마냥 슬픈 이야기만은 아니다. 반전이 있다. 그는 지금 이 모든 어려움을 이겨내고 월 수익 1,000만 원 이상을 달성하는 잘나가는 영업자가 되었으니 말이다.

또 한 명의 보험 영업자 B씨가 있다. 이 친구는 참 쑥스러움을 많이 탄다. 낯선 사람들과 대화를 하면 얼굴부터 빨개지곤 한다. 지인들에게 보험을 파는 건 애당초 포기했다. 오로지 개척 영업을 하기 위해서 발버둥 쳤다. 그도 A씨와 마찬가지로 사회초년생들 재테크를 원하는 사람들을 타깃으로 잡고 영업을 시작했다.

그는 먼저 자신의 닉네임과 콘셉트부터 분명히 했다. 그의 콘셉트는 '재테크의 황태자'였다. 언제나 '재테크의 황태자'라는 닉네임을 사용했고 마케팅을 시작했다.

A씨가 땀을 흘리면서 고객들을 찾아다닐 때 B씨는 머리를 쓰며 고객들에게 도움이 될 수 있는 양질을 좋은 정보를 찾고 공부를 하며 자신의 가치를 높였다. 수십 권의 재테크 관련 서적들을 읽으며 공부했고 수많은 강의를 들으러 다녔다. 그리고 고객들이 자신을 찾아올 수 있도록 시스템을 만들었다. 고객들에게 도움이 될 만한 주식과 부동산 등 재테크 관련 정보들을 소책자로 만들어 배포했다. 고객들에게 양질의 정보를 끊임없이 제공하며 자신을 따르도록 만들었다.

나중에는 자신만의 브랜드를 가지고 커뮤니티 공간을 만들었다. 고객들은 그가 제공하는 정보를 얻기 위해서 커뮤니티에 가입했다. 하지만 한 달, 두 달 시간이 흘러도 별다른 소득이 없었다. 회사에서는 엄청난 압박이 쏟아졌다.

"당신 뭐하는 사람이야. 쓸데없는 짓 하지 말고 처음에는 지인들 위주로 영업해요. 초보자가 무슨 개척 영업을 한다고 난리예요."

매일 하루에 10시간 이상 마케팅에 투자했지만 소득이 생기지 않자 몸도 마음도 지쳐갔다. 가장 힘든 것은 경제적으로 점점 버틸 여력이 없어진다는 것이었다. 하지만 그는 할 수 있다는 믿음을 잃지 않았다. 그리고 이대로 자신이 실패한다는 것을 인정하고 싶지 않았다. 끝까지 밀어붙였다.

재테크의 황태자로 영업을 시작한 지 석 달째 되었을 때 드디어 고객 한 명이 만나자는 요청을 보내왔다. 그리고 두 명, 세 명 만나자는 요청이 계속 늘어났다. B를 찾아온 고객들은 모두 그와 계약을 체결했고 B씨는 영업 석 달 만에 처음으로 1,000만 원 이상의 급여를 받게 되었다. 시간이 지날수록 B씨의 실적은 날로 성장해 회사에서 상위 1퍼센트의 영업자로 성장했다.

A씨와 B씨 둘 다 내 주변 사람들의 실제 이야기다. 비슷한 나이에 같은 영업을 시작했고 비슷한 타깃을 잡고 영업을 했다.

처음 지인 위주로 영업을 했던 A씨가 실적이 훨씬 높았고 빠르게 돈도 벌었다. B씨는 초반에는 실적을 전혀 내지 못했다. 물론 급여도 거의 없었다. 하지만 1년이라는 시간이 지난 지금, 한 명은 영업 고수의 자리에 올랐고 또 한 명은 하수의 위치에 있게 되었다. 이 둘에게는 어떤 차이가 있었던 것일까?

한 명은 빠르게 돈을 벌고 싶은 마음에 팔기에만 급급했다. 쉼 없이 고객들을 찾아다녔다. 지인들에게도 고객들에게도 먼저 받으려고 했다. 반면에 다른 한 명은 고객들이 스스로 찾아오도록 시스템을 만들었다. 자신의 수준을 높이고 가치를 높였다. 니즈가 있는 고객을 찾았고 고객들이 피부로 느낄 수 있는 도움을 주었다. 도움을 받은 사람들은 자연스럽게 B씨를 찾아오게 되었고 그를 따르기 시작했다. 그리고 고객들이 항상 그에게 이렇게 말했다.

"잘 부탁드립니다."

그는 고객들에게 무엇을 팔지 않았다. 그들을 도와주었고 스스로 사게 만들었다. 이것이 바로 1퍼센트와 99퍼센트의 차이다. 억대의 연봉을 받는 영업자가 되고 싶다면 절대로 팔지 마라. 팔지 않고 사게 만들 때 당신의 인생은 180도 달라질 것이다.

영업대장 안규호의 '이것만은 기억하라'

☑ 당신은 고객에게 "잘 부탁드립니다."를 외치며 쫓아다니고 있는가?
"잘 부탁드립니다." 소리를 들으며 고객에게 도움을 주고 있는가?

왕이 되려는 자, 왕관의 무게를 견뎌라

'왕이 되려는 자 왕관의 무게를 견뎌라.' 내가 가장 좋아하는 말이다. 우리는 모두 각자가 꿈꾸는 미래의 모습이 있다. 4년 전 처음 법인영업을 시작하면서 만들었던 버킷리스트 50개 중 일부다.

1. 부모님에게 BMW 선물하기
2. 연봉 3억 달성하기
3. 빚 모두 갚기
4. 큰 집으로 이사해서 내 개인 서재 만들기
5. 책 한 권 쓰기

지금은 이 모든 것을 이루었다. 버킷리스트에 적었던 억대의 연봉이 아니라 월 수입이 억대를 넘어섰고 머릿속에만, 종이 위에만 존재했던 나의 꿈은 현실이 되었다. 내 멘토는 이렇게 말했다.

"규호야, 최소한 한 달에 5,000은 벌어야 진짜 폼 나는 인생이 열리지 않겠니?"

"네? 5,000이요? 저는 거기까지는 꿈도 안 꿔요. 월 3,000이 목표입니다. 한 달에 3,000만 제대로 벌어도 정말 소원이 없을 것 같아요."

"꿈이 작으면 성공할 수 없다. 항상 더 크게 꿈꾸고 행동해라. 꿈꾸는 것보다 의식이 커져야 현실로 이루어진다."

당시 나는 연봉 3억이 인생의 목표였지만 현실은 3억에 가까운 빚을 지고 있었고 고작 연봉 6,000만 원을 받고 있는 휴대폰 판매자였다. 그런 상황에서도 성공한 많은 사람들을 찾아다니며 그들의 강의를 들었다. 그리고 그들로 인해 내가 가졌던 의식이 변하기 시작했다.

현실에 안주하지도 좌절하지도 않았다. 더 큰 꿈을 꾸었고 꿈을 이루기 위해서 더 발버둥 치며 노력했다. 현실은 너무나 잔인했지만 무시해버렸다. '이까짓 것 이길 수 있다. 나는 해낼 수 있다.' 나 자신을 믿었고 무너지지 않기 위해 이 악물고 버텼다. 학창시절에 몇몇 선생님은 나와 친구들에게 이렇게 말했다.

"문제아, 자퇴생, 인간쓰레기, 사회의 암적인 존재."

학교 폭력의 가해자나 범죄를 저지르진 않았지만 학교 생활에 적응하지 못한다는 이유로 나에게 붙여진 수식어였다. 인격 모독의 이 말에 항거하고 싶었다. 선생님의 악담이 잘못됐음을 증명해내고 싶었다. 문제아, 자퇴생, 인간쓰레기로 불리던 내가 모든 사람들 앞에 당당히 서겠다고 다짐했고, 희망을 이야기하겠다고 했다. 또 책을 쓰고 억대 연봉으로 부자가 되겠다는 꿈을 가졌다. 이루고 싶은 꿈을 처음으로 종이에 적었고 난생처음 버킷리스트라는 것을 만들어서 사무실 책상에 붙여놓았다. 하지만 생각만 열심히 한다고 해서, 적당히 노력한다고 해서 내 모든 꿈이 이루어졌을까? 아니다. 주변 사람들이 모두 다 내게 "미쳤다."고 말할 만큼 노력했다.

내게 정해진 근무시간이라는 것은 없었다. 24시간이 모두 근무시간이었다. 남들이 모두 노력하는 시간에 최선을 다해 일하는 것은 당연한 것이다. 그 시간조차도 열심히 일하지 않는 사람은 성공에 대해서 논할 가치가 없다. 그런 사람은 현재에 만족하고 자기 욕망의 수준을 낮추고 살아가는 수밖에 없다. 주어진 시간에만 열심히 한다고 해서 남들과 크게 달라질 수는 없다. 성공을 위한 진짜 시작은 퇴근 후부터 시작되었다.

퇴근 후에는 정부에서 나오는 자금과 지원금, 세금에 대해서 끊임없이 공부했고 더 나은 영업 방법과 마케팅에 대해서 공부했다. 낮보다 저녁 시간에 할 것이 더 많으니 당연히 다른 것들은 소홀해질 수밖에 없다. 가족과의 단란한 시간도 포기해야 했고 내가 좋아했던 술 역시 마실 수 없었다. 밖에 나갈 시간이 없으니 사람들을 만나지 못했고 당연히 친구나 지인들과의 관계도 자연스럽게 멀어져만 갔다.

나는 내 인생의 가장 큰 우선순위로 나의 꿈을 택했고 다른 부분에서는 당연히 기회비용이 발생할 수밖에 없었다. 하지만 조금도 후회하지 않는다. 잃은 만큼 더 많은 것을 얻었고 나의 꿈을 이루었으니 말이다.

게다가 당시 나는 최악의 경제 상황에 빠져 있었다. 채권자들은 하루가 멀다 하고 집으로 찾아왔고 우리 가족은 정말이지 하루하루 생존에 대해서 걱정해야 했다. 평일에는 회사에서 일을 했지만 소득이 많지 않았고 주말에는 각종 아르바이트를 하며 버텨나갔다. 그리고 매일 친구들에게 전화하고 지인들에게 전화를 해 구걸하다시피 돈을 빌려야 했다.

그때 돈이라는 것이 얼마나 무서운 힘을 가지고 있고 돈이 없으면 얼마나 사람들에게 무시를 당하고 인간관계가 정리되는지 뼈저리게 깨달았다.

그렇게 버티기를 석 달째 처음으로 1,500만 원의 급여를 받을 수 있었다. 하지만 그 돈도 사라지는 건 순식간이었다. 매달 급여는 1,000만 원 이상이었지만 만족할 수 없었다.

그런데 아이러니하게도 가장 힘든 시기에 난생처음 가장 비싼 강의를 신청했다. 마케팅 강의였는데 수강료는 하루에 300만 원이었다. 이 이야기를 들은 모든 사람들은 나에게 미쳤다고, 쟤 어디서 사기나 당하고 다닌다고 말했다. 믿었던 가족들 역시 그건 좀 아닌 것 같다고, 지금은 아니라고 반대했다. 하지만 그 당시 내가 가진 재량으로는 이 현실을 벗어날 수 없다고 판단했다. 다른 방법이 필요했다. 결국에는 모두의 반대를 무릅쓰고 강의를 신청했다. 나는 힘든 상황에서 큰돈을 지불했지만 전혀 아깝지 않았다. 그 덕에 나는 10배, 20배 이상의 결과를 낼 수 있었으니 지금도 그 당시 배움에 투자했던 것은 나의 인생에서 가장 최고의 선택으로 뽑는 순간이다.

성공을 위해서는 많은 기회비용이 존재한다. 모든 것을 다 가질 수는 없다. 하나를 얻으려면 다른 하나를 포기해야 하는 것은 당연한 진리다. 취미생활 즐길 거 다 즐기고, 저녁 시간에는 좋아하는 사람들과 술자리도 하고, 놀 거 놀고, 쉴 거 쉬고, 잘 거 다 자면서 성공이 다가올 것이라 생각하지 마라. 그건 1퍼센트의 타고난 천재들만이 가능한 일이다. 내가 가고 싶은 곳이 있다면, 이루고 싶은 꿈이 있다면 그에 걸맞은 고통과 인내를 감수해야 한다. 남들과 똑같이 '적당히' 하면서 자신의 삶에 대해 스트레스 받으며 살지 말길 바란다. 선택하라. 욕망의 수준을 낮추던지 아니면 그에 걸맞은 고통을 감수하든지 말이다.

회사 직원 중에 참 아이러니한 직원이 1명 있었다. 그는 자신의 아내와 아이를 너무 사랑한다. 나와는 정반대로 너무나 가정적인 남자였다. 삶의 모든 포커스가 가족에 맞추어져 있었다. 나는 하루 종일 업무 이야기를 하지만 그는 하루 종일 아내와 아이 이야기만 한다.

"나는 우리 아이를 정말 사랑해. 우리 아이에게 모든 것을 다 해줄 거야, 돈 많이 벌어서 아내와 아이를 세상 최고로 만들어줄 거야. 나는 정말 돈 많이 벌어야 해. 돈 많이 벌어서 우리 와이프 일하지 않게 해줄 거야."

사랑하는 가족의 행복을 위해서 더 많이 벌어야 한다고 항상 입버릇처럼 말하며 매일 같이 휴대폰으로 아이의 동영상을 보고 직원들에게 자랑한다.

그런데 그렇게 가족을 위해 많은 돈을 벌겠다고 하면서 정작 근무시간에는 계속 휴대폰만 쳐다보고 있다. 아이 동영상을 보면서 혼자 웃고 있고 SNS도 하고 뉴스도 본다. 퇴근은 언제나 칼퇴근, 집안 행사는 어찌나 많은지 지각이나 결근도 잦다. 도대체 일은 언제 하는지 모르겠다.

당연히 실적이 나올 리 없다. 3개월 동안 가져간 급여가 총 300만 원도 채 되지 않았다. 그는 작은 임대아파트에서 항상 생활고에 시달리며 언젠가 자신은 이 모든 것을 이겨내겠다고 말한다. 과연 가능한 일일까? 그리고 이것이 정말 가족을 사랑하는 남편의 모습인 걸까? 육아휴직으로 쉬고 있는 아내와 가족을 부양할 경제적 능력이 없는 남편. 인생의 기준은 모두 다르다. 그가 유유자적한 선비로 살겠다면 어쩌겠는가. 나에게는 그를 비난할 자격이 없다. 그러나 생활고에 시달리는 상황에서 이를 악물고 뛰어드는 마음가짐이 없다는 것은 이해할 수 없다. 그것은 가족과 자신에게 죄를 짓는 것이라고 믿는다. 이것에 관한 옳고 그름은 없다. 당신이 스스로 판단하길 바란다.

당신은 내가 가졌던 꿈을 어떻게 생각하는가? 누구나 충분히 이룰 수 있는 꿈이라고 생각하는가 아니면 내가 최악의 실패를 딛고 불가능을 현실로 만들어냈다고 생각하는가? 뭐 어떻게 생각하든 그건 당신의 자유다. 나는 항상 꿈을 이루기 위해 나의 롤모델을 만든다. 그리고 이렇게 생각한다.
'저 사람도 했는데 까짓것 내가 못하겠어?'
그 사람을 따라잡고 추월하기 위해 혼신의 힘을 다한다. 내가 엄청난 재능을 가진 대단한 사람이기에 나의 꿈을 이룬 것이 아니라 그 꿈을 이루기 위해 그만큼의 고통을 감내하고 이겨냈기 때문에 가능한 일이었다.

아무것도 가진 것이 없다면 방법이 없다. 다른 사람이 할 수 있다면 당신도 할 수 있고 내가 해냈다면 당신도 할 수 있다. 반드시 기억하기 바란다. 왕관의 무게를 견디는 자만이 왕이 될 수 있고 꿈을 이룰 수 있다는 것을.

영업대장 안규호의 '이것만은 기억하라'

☑ 이 책을 집어 든 당신의 우선순위는 무엇인가? 한번쯤은 인생에서 독해져야 할 때가 있다. 모든 것을 포기하고 정말 원하는 것에 매진하는 때. 그때가 바로 지금이다.

정직이라는 '정신 승리'는 이제 그만!

"나는 다른 사람들보다 정직하게 일해."

"나는 다른 경쟁자들보다 더 싸게 견적을 내줘."

"나는 고객의 이득을 위해 내 이득을 포기해."

많은 영업사원들이 흔히 하는 자기 위안 중 몇 가지가 있지만 그중 대표적인 것들이 바로 이 말들이다. 이건 당신 혼자만의 만족이고 착각일 뿐이며 명백히 잘못된 생각이다. 고객은 물론 그 누구도 알아주지 않는다. 실적이 부족한 스스로를 위로하는 핑계일 뿐이다. 당신이 정말로 다른 경쟁자들보다 정직하게 그리고 저렴하게 고객에게 판매했다면 당신은 지금 실적 고

288

민 따위는 하고 있지 않아야 정상이다.

　입장 바꿔서 생각해보자. 남들이 모두 100만 원에 구매하는 물건이 있다. 그런데 당신은 좋은 영업자를 만나 이 물건을 80만 원에 구입했다. 주변 사람들에게 자랑하지 않겠는가? 이 물건에 대해서 관심 있는 사람을 만날 때마다, 주변에서 이 물건을 구입할 때마다 당신은 가장 먼저 자랑을 시작할 것이다. 우리나라 사람들은 남들보다 100원이라도 싸게 구입했다면 자신이 이것을 어떻게 싸게 구입했는지 자랑부터 하는 민족이다. 그렇다면 소개 고객이 쭉쭉 나와 줘야 정상 아니겠는가!

　"1명의 고객 뒤에는 30명의 고객이 있다."는 말을 모르는 사람은 없을 것이다. 당신이 지금 만날 고객이 없고 실적으로 고민하고 있다면 역설적으로 그 누구보다 저렴하고 정직하게 거래하지 않은 것이다. 정확히 말하면 당신이 안 한 것이 아니라 고객이 그렇게 느끼지 못한 것이다. 결국 상대방이 느끼지 못하면 아무 소용없다.

　당신과 계약한 고객은 '아! 내가 정말 싸게 잘 샀구나. 나는 정말 좋은 영업사원을 만났구나.'라고 생각하지 않는다. 당신 혼자서 싸고 정직하게 팔았다는 정신 승리는 이제 그만두길 바란다. 당신의 마음을 고객이 느낄 수 있게 하라. 지금 당신을 만나 얼마나 많은 이득과 가치를 얻게 되었고 얼마나 저렴한 가격에 이 좋은 제품을 구입하게 되었는지 말이다.

예전에 휴대폰 판매사로 처음 입사했을 때, 회사에 아무도 이길 수 없는 괴물로 불리는 직원 1명이 있었다. 경기도 안중 지점에서 판매사로 일하는 여직원이었는데, 회사 창립 이래 그녀의 실적을 뛰어넘은 사람이 단 1명도 존재하지 않았다. 무엇보다 그녀를 괴물이라고 부르는 진짜 이유는 휴대폰의 판매 단가였다.

지금과 다르게 당시에는 휴대폰 보조금이 아주 성행하던 시기였다. 기본적으로 대부분의 휴대폰에는 보조금이 최소 30만 원 이상 적용되었다. 물론 고객의 입장에서는 어떤 판매자를 만나느냐에 따라 훨씬 더 많은 금액을 지원받을 수 있었다. 보조금은 어느 정도 판매자의 수당에서 빼서 적용해주는 것이었기 때문이다. 그래서 수많은 휴대폰 매장과 가격 경쟁이 극심했고, 판매사들이 아무리 휴대폰을 많이 팔아도 정작 손에 쥐는 인센티브는 얼마 되지 않았다.

그런데 그녀는 휴대폰을 판매하며 딱 9,900원 유심 값만 보조해주었고 정상가 그대로 판매했다. 어떤 고객이라도 그 금액 이상은 절대로 보조해주지 않았다. 다른 판매사들은 40~50만 원씩 깎아주며 파는데 그녀만 정가 그대로 팔고 있었다. 남들보다 2배 높은 단가에 판매하면서도 판매량도 가장 많으니 아무도 그녀를 이길 수 없었던 거다. 가히 범접할 수 없는 신의 경지에 있었고 그녀는 걸어 다니는 중소기업으로 불렸다.

당시 내가 판매사로 일할 때 첫 달에 거둔 실적은 2등이었다. 신입사원이 지인 판매 없이 2등을 하자 사장님께서 직접 나를 만나러 오셨다.

"규호 씨, 대단하네요. 어떻게 그렇게 영업을 잘해요?"

"감사합니다. 앞으로는 더 열심히 하겠습니다."

"그런데 지금까지 단 1명도 안중에 있는 그 여직원을 이긴 사람이 없어요. 규호 씨는 가능할까요?"

"같은 조건이라면 절대 지지 않을 자신 있습니다."

"패기 좋네. 그럼 다음 주부터 한 달간 안중으로 출근하세요. 거기서 제대로 한번 붙어 봐요. 그리고 기숙사 있으니까 숙식은 걱정하지 마시구요."

"네, 알겠습니다."

오래간만에 승부욕이 불타올랐다. 나도 여태껏 영업이라면 단 한 번도 누구에게 져본 적이 없었다. 내가 누군가. 그래도 한때 영업왕 출신 아닌가! 게다가 처음 도전하는 휴대폰 영업에서 한 달 만에 2등을 하고 나니 자신감은 더욱 넘쳤다. 하지만 판매 대수나 카드 발급률, 인터넷 판매 등 모든 부분에서 그녀와 비슷한 실적을 거두었으나 판매 단가에서 압도적으로 밀

리니 말이 2등이지 총 실적에서는 너무 큰 차이가 벌어졌다. 이 격차부터 줄여야 했다. 같은 매장, 같은 조건에서는 반드시 이길 자신 있었다. 살짝 겁나기도 했지만 이미 질러놓은 게 있으니 한번 해보자 싶었다.

내가 안중에 처음 도착했을 때, 모든 직원이 내가 왜 이곳에 왔는지 알고 있었다. 회사 창립 이래 절대 강자와 신흥 강자의 자존심을 건 한판 대결이었다. 기간은 한 달. 나는 먼저 그녀의 영업 방식부터 파악했다. 그녀는 항상 남들보다 한두 시간 정도는 일찍 퇴근했다. 하지만 충분한 실적을 거두고 있었기 때문에 지점장도, 총괄 팀장도 그 누구도 그녀를 지적하지 않았다. 하지만 내가 온 뒤로는 그녀 역시 나와의 대결을 의식한 듯 근무 시간을 꽉 채워가며 일했고 우리 둘은 미친 듯이 경쟁했다. 그 덕에 매장은 언제나 역동적이고 활기찬 에너지로 가득했다.

함께 일하기 전에는 '작은 시골 마을이니까, 여자니까 가능한 일이지, 예쁘장한 외모로 꼬시는 거지.'라며 그녀를 헐뜯고 부정적으로 생각했다. 경쟁자인 그녀를 인정하고 배우려고 하지 않았다. 그러나 함께 일하면서 생각이 완전히 바뀌었다. 내가 본 그녀는 예쁘다고 하기엔 좀 평범한 외모, 작은 키에 깡마른 가냘픈 체구였지만 손님 앞에서 뿜어내는 에너지와 스킬은 정말 대단했다. 다른 수식어가 필요 없었다. 그냥 판매의 신, 영업의 신이었다.

그녀가 존경스럽기까지 했다. 그녀는 모두가 하는 외부 판촉 따위는 하지 않았다. 나갈 시간도 없었다. 소개를 통해서 찾아오는 고객만 상대했다. 가장 비싸게 팔지만 고객들의 만족도는 가장 높았고 고객들의 소개가 줄을 이었다. 그녀에게 휴대폰을 구입한 고객들은 남녀노소 구분 없이 그녀의 열성 팬이 되었고 주변 사람들을 소개했다.

왜 사람들은 그녀에게 열광할까? 일단 기본적인 스킬이 탄탄했고 적재적소의 센스 넘치는 멘트를 날릴 줄 알았다. 무엇보다 그녀가 뿜어내는 에너지가 너무나 매력적이었다. 사람들은 휴대폰을 사가며 그녀의 에너지에 감탄했다. 매력적이고 활동적인 에너지 그리고 무엇보다 고객을 만족시켰던 지점은 가격이 아닌 본질의 가치에 충실하다는 것이었다.

그녀는 휴대폰 자체의 가격을 낮추기보다 실제 고객이 가장 많이 부담해야 하는 휴대폰 요금 낮추기에 집중했다. 제대로 된 컨설팅과 제휴를 통해서 가장 비싼 휴대폰을 사더라도 가장 저렴한 요금을 낼 수 있도록 설계했다. 또한 나이가 많은 분들이 스마트폰을 쉽게 사용할 수 있도록 사용법뿐 아니라 어르신들에게 도움이 되는 대중교통, 날씨 등 생활 정보 어플리케이션을 깔아주고 친절하게 알려주었다. 그리고 고마워하는 고객에게 잊지 않고 한마디를 날렸다.

"엄마, 이거 엄마니까 내가 특별히 해주는 거야. 알지!"
"그럼 알지. 소개 많이 시켜줄게."

다른 판매사들이 아무리 고객에게 감언이설을 늘어놓으며, 자신들의 수당을 줄여가며 판매했지만 만족도는 높지 않았다. 자연히 지인 소개도 없었다. 하지만 그녀는 구매한 고객의 만족도는 물론 지인 소개까지 두 마리 토끼를 잡았다. 바로 고객이 원하는 가치, 그들이 정말 필요로 하는 부분을 만족시키는 영업을 했기 때문이다. 왜 그녀가 실적 1등, 영업 괴물인지 인정할 수밖에 없었다. 이것이야말로 영업자와 고객, 서로에게 가장 퍼펙트한 영업이 아니겠는가.

고객에게 싸게만 파는 것이 좋은 영업인가? 아니면 고객을 만족시키는 것이 좋은 영업인가? 더 이상 고객에게 정직하게 그리고 저렴하게 팔아서 부자가 되지 못한다는 변명은 그만두길 바란다. 그런 정신 승리는 과감하게 버리길 바란다. 세상에 당신만 유일무이하게 파는 제품은 없다. 수없이 많은 경쟁자가 존재한다. 어설프게 가격이나 정직으로 승부하려고 하지마라.

당신이 고객에게 주려는 가치와 메시지를 확실하게 전달하고 고객을 만족시키는 영업자가 돼라. 고객에게 당신이 어떻게 전달하느냐에 따라 고객의 만족도는 달라진다. 가격이 중요한 것이 아니다. 고객에게 가장 중요한 것은 자신을 만족시켜주는가이다.

영업대장 안규호의 '이것만은 기억하라'

☑ 언제까지 싸게 줘서, 너무 정직해서 성공하지 못했다고 변명만 늘어놓을 텐가? 그것이 정말 좋은 방법이었다면 지금 고객이 없을 리가 없다. 영업자가 만족하는 방식이 아니라 고객이 만족하는 방식으로 접근하라. 그들이 정말 원하는 가치를 주어라.

단 한 번도 거절당하지 마라

　당신은 지금 혼신의 힘을 다해 일하고 있는가? 그럴 수도 있고 아닐 수도 있지만 지금 이 순간 책을 읽으며 공부하고 있다는 것은 배움과 성공에 대한 의지가 충분한 것으로 보인다. 물론 '열심히'라는 것은 누구나 기준이 다르고 아주 주관적인 사항이기 때문에 무어라 말하기 힘든 부분이지만 광주에 살고 있는 내 수강생 한 분은 정말 열심히 산다. 내가 지금까지 보았던 사람 중에 다섯 손가락 안에 든다.

　그는 매일 새벽 5시면 회사에 출근한다. 그리고 그날의 업무를 준비하고 책을 읽으며 공부한다. 다른 동료들이 출근하면 함께 조회를 마치고 치열한 영업의 현장으로 달려간다. 그는 한 달에 점심을 챙겨 먹는 날이 손에 꼽힌다고 했다.

"왜 매일 점심을 굶어요? 배고프지 않아요?"

"밥 먹으면 졸리기도 하고 점심 먹는 시간이 아까워요!"

대단한 열정이다. 그리고 그의 일과가 끝나는 시간은 항상 야심한 밤이다. 퇴근하고 나서도 고객들을 만나고 10개가 넘는 모임에 참석하다 보면 집에 돌아가는 시간은 항상 밤 12시다. 하루에 취침 시간은 4시간을 넘기지 않는다. 그가 나에게 했던 또 하나의 명언은 "잠은 죽은 다음에 자면 돼요."였다. 정말 대단한 사람이다.

"도대체 뭘 위해서 이렇게 열심히 살아요?"

"저는 반드시 성공하고 싶습니다. 가진 것 없고 배운 것 없지만 누구보다 멋지게 성공하고 싶어요!"

성공에 대한 열정과 노력이 정말 대단했다. 몇 년 뒤에는 분명 나보다 10배, 100배 더 성공할 것이라 믿어 의심치 않는다. 그런데 한번은 그가 어느 날 아침에 수강생 단톡방에 자신이 읽었던 책의 한 부분을 사진 찍어서 올려주었다. 일본의 유명한 세일즈 관련 도서의 일부분이었다.

"프로 세일즈맨이라도 방문 세일즈에서는 성공률이 10퍼센트에 지나지 않는다. 거절당하는 경우가 절대적으로 많다. 따라서 거절당하는 것은 당연한 것이다. 우리 오늘 하루도 힘내

자! 파이팅!"

나는 순간 너무도 화가 났다. 거절당하는 것이 당연하다니! 나는 수강생들에게 적어도 내게 배우는 동안은 이런 말은 생각지도 말고 무시하라고 말한다.

나는 내성적인 성격에 낯가림이 심하다. 영업을 하고 강의를 하며 많은 사람들 앞에 서지만 아직도 낯선 사람들과 대화하는 것이 나에게 참 힘든 일이다. 친한 지인들은 아직도 내가 영업을 잘하고 사람들 앞에 서서 강의를 하는 것을 보면 무척 신기해한다. 또 자존심은 엄청 강해서 남들에게 아쉬운 소리를 하는 것을 죽기보다 싫어 한다.

이런 나에게 첫 영업의 경험은 정말이지 고통의 연속이었다. 오로지 성공하겠다는 일념 하나로 시작했지만 길거리에서 가면을 쓴 채 판촉물을 돌리다가 사람들에게 외면당하고 고층 빌딩을 돌아다니며 전단지를 돌리다가 번번이 쫓겨났다. 고객들에게 거절당하는 것은 참을 수 없는 고통이었다. 자존심은 짓밟혔고 뭉개져버렸고 실적이 없어 찾아오는 경제적 어려움까지 더해지니 멘탈이 완전히 산산조각 나버렸다.

'나는 정말 영업이랑 안 맞는구나.'

당장이라도 때려치우고 싶었지만 또 쓸데없는 자존심에 이대로 떠나기는 싫었다. 스물네 살에 넘치는 패기를 주체 못한 채 언제나 나는 최고가 될 수 있다고 떠들어댔고, 여기저기 하도 돌아다니며 영업한 탓에 회사에서는 나를 모르는 사람이 없었다. 이대로 그만둔다면 "신입이 설칠 때부터 알아봤어."라며 수군대는 사람들의 모습이 눈에 훤했다. 1등을 한 번 찍어야 떠날 수 있을 것 같았다. 모든 동료들이 "쟤는 정말 대단했어."라고 말할 때 멋지게 떠나고 싶었다.

나는 특히 영업을 하며 고객에게 당하는 거절이 너무나 싫었다. 지긋지긋하게 거절이 싫었고 진절머리가 났다. 동료들은 나에게 영업자가 거절당하는 건 당연한 것이라고, 즐기라고 말했지만 그게 어디 쉬운 일인가! 더 이상 거절을 당하다가는 내가 무너져버릴 것 같았다.

'어떻게 하면 거절 없이 쉽게 계약할 수 있을까?'

매일 생각했다. 머리를 쥐어짜고 또 짜냈다. 그래도 답은 나오지 않았다. 풋내기 신입사원이 찾을 수 있는 답이 아니었다. 하지만 포기하고 싶지 않았다. 더 이상 이렇게 자존심을 짓밟혀가며 힘들게 일하고 싶지도 않았다. 수없이 나에게 질문했다.

'어떻게 해야 고객이 날 찾아오게 할까? 도대체 어떻게 해야 더 쉽게 영업할 수 있을까?'

똑같은 질문을 오랜 시간 반복한 끝에 결국 답을 찾을 수 있었다. 잡상인이 아닌 고객에게 도움을 주는 최고의 전문가,

나를 찾아오게 하는 마케팅, 매력적이고 넘치는 에너지, 고객이 스스로 이야기하게 만드는 질문 화법. 이것이 그동안 내가 현장에서 익히고 써먹은 노하우의 본질이다. 이를 기반으로 자신만의 방법을 세세하게 만들어나간다면 반드시 성공할 것이다. 물론 나의 방법이 모든 비즈니스에서 성공할 수 있는 완벽한 방법이라고 하진 않겠다. 하지만 적어도 영업자에게 있어서는 최고의 방법이라도 생각한다.

내가 영업판에서 성공할 수 있었던 건 엄청나게 뛰어난 머리를 지닌 천재여서가 아니었다. 지옥같이 고통스러웠던 가난이 싫었고 고객들의 거절이 싫었다. 더 이상 이렇게 살고 싶지 않았다. 누구보다 멋진 인생을 살고 싶었고 이 현실에서 하루빨리 벗어나고 싶었다. 끊임없이 스스로 질문했고 오랜 시간 공부하며 수많은 시행착오 끝에 답을 찾은 것이다. 내가 해냈다면 당신도 충분히 가능하다.

진정한 영업의 고수가 되고 싶다면 거절을 즐기는 것이 아니라 거절이 싫어야 한다. 지긋지긋하게 싫어야 한다. 거절을 두려워해서도 안 되지만 그렇다고 거절에 무뎌져서도 안 된다. 내가 위에 나왔던 글귀를 보고 화가 났던 것은 이런 이유에서였다.

'거절을 즐겨라. 거절을 두려워 마라. 프로 영업인들도 성공률은 10퍼센트에 지나지 않는다.'

이런 이야기에 익숙해지면 영업자는 스스로 거절당했을

때 쉽게 자신을 위로하게 마련이다.

'난다 긴다 하는 고수들도 성공률이 10퍼센트도 안 된다는데 내가 거절당하는 건 당연한 거야. 영업자에게 거절은 당연한 거지. 남들도 다 그러는데 뭐. 열심히 하다 보면 될 거야!'

거절당하는 것이 당연하게 느껴지면, 거절당하지 않는 방법을 찾지 않는다. 거절에 무뎌지게 되면 자신의 문제점을 보완하고 해결책을 찾지 않는다. 거절에 대한 자기 위로와 정신 승리는 결국 최악의 영업으로 치닫게 된다.

다시금 강조컨대 최고의 영업자는 거절당하지 않는다. 단한 번도 거절당하지 않는 영업자가 될 준비를 하라. 이제부터 당신에게 거절이 있다면 고객이 아닌 당신이 고객을 거절하는 것뿐이다.

영업대장 안규호의 '이것만은 기억하라'

☑ 고객의 거절에 익숙해지지 마라. 영업자라면 고객의 거절이 지긋지긋하게 싫어야 한다.

어느 세일즈맨의 토로,
문제를 알아야 답도 나온다

'따르릉 따르릉' 알람 소리가 시끄럽게 울려댄다. 몸이 움직일 생각을 하지 않는다. 아직 일어나고 싶지 않다. 10분만 더 잘 수 있다면 정말 행복할 것 같다.

하지만 지금 10분을 더 자면 뻔히 지각할 것이라는 걸 잘 알고 있다. 괜스레 10분 더 잤다가 또 회사에서 상사들에게 깨지고 욕먹기 싫어 천근만근 움직이지 않는 몸을 이끌고 억지로 자리에서 일어난다. 이상하리만큼 지끈지끈한 머리를 감싸고 화장실로 들어간다.

나는 몇 년 전까지만 해도 아침에 일어나서 정말로 "아, 잘 잤다. 좋은 아침!" 이렇게 말하는 사람이 있는지 몹시 궁금했다. 평소에 잠을 많이 자는 건 아니었지만, 많이 잔 날에도 아침에 일어나는 것이 별로 개운했던 적이 없다.

가뿐하게 아침잠을 털어내고 조깅한 후, 모닝커피와 함께 멋진 영자신문을 읽는 모습은 그야말로 영화나 드라마 속 주인공의 이야기일 뿐이다. 나는 일어나자마자 화장실로 달려가 정신없이 준비를 하고 전쟁 같은 출근길에 나선다.

하지만 진짜 전쟁은 이미 회사에 들어서기 전부터 시작된다. 본격적인 업무에 들어서면 간단한 조회를 끝내고 아침부터 전화를 돌려야 한다. 미팅 스케줄을 잡고 고객과의 만남을 위해 밖으로 나간다.

하루에도 수없이 많은 고객들을 만난다. 나는 낯가림이 매우 심하다. 그래서 처음 만나는 사람들과 대화를 하는 것이 참 쉽지 않다. 첫 대면의 자리가 너무 불편하고 빨리 이 자리를 끝내고만 싶다. 가끔 나도 모르게 얼굴이 빨개지는 것은 남모를 나만의 스트레스다.

그래도 고객들을 만나면 최대한 티 내지 않고 열심히 이야기하려고 한다. 고객들과 만나서 꼭 비즈니스에 관한 이야기만 하는 것은 아니다. 때론 나의 사적인 일에 대하여 이야기할 때도 있고 고객들의 사적인 이야기를 들어주며 사담을 나눌 때도 있다. 그럴 때 믹스커피 한잔 마신 후 다음 스케줄로 이동한다. 이렇게 고객들과 이야기하고 들어주는 것도 영업의 한 종류라고 생각하면서 말이다.

바쁜 일과가 끝이 나도 곧장 집으로 돌아가는 일이 많지 않다. 시간이 되지 않아 미처 만나지 못했던 고객들이나 특히 신경을 써야 하는 고객들을 만나 저녁 자리를 함께하며 제2의 영업을 시작한다.

나는 세일즈맨으로 살았다. 세일즈는 사람과 사람이 하는 비즈니스이기 때문에 항상 많은 사람들을 만난다. 아이러니한 것은 주변에 많은 사람이 있지만 마음 한구석은 늘 외롭다. 밖에서 사람들과 신나게 웃고 떠들며 술자리를 하지만 집에 돌아오면 혼자서 꼭 맥주를 한 캔 더 마시고 잠자리에 든다.

나는 술을 썩 잘 마시는 편도 아니다. 하지만 언제부턴가 집에서 혼자 술을 마시는 날들이 많아졌다. 밖에서 사람들 기분을 맞춰주고 눈치를 보다 보니 술을 마시고 스트레스를 푸는 것이 아니라 오히려 스트레스가 쌓일 때가 많다. 술에 취해 집으로 돌아오는 기분은 뭔가 씁쓸하다.

한번은 병원장들과 술자리를 가진 적이 있었다. 평소에 친하게 지내던 병원장들이고 술자리에서 특별히 아무 일도 없었지만 집에 도착하고 나니 괜스레 눈물이 흘렀다. 사람들 사이에 섞여 있지만 뭔가 나의 존재는 미미했다. 아주 적당히 티 안 나게 무시당하고 있는 것 같았고, 그런 내 자신이 너무 초라하게 느껴졌다.

나는 내가 아닌 다른 사람들, 즉 고객을 위해 존재하는 사람인 것만 같았다. 사람들 때문에 받는 스트레스가 싫었고 지금도 싫다. 그러다 보니 그나마 조금이라도 내가 위로받고 스트레스를 푸는 것이 집에서 혼자 술을 마시는 것이다. 언제부터 이렇게 변했을까. 언제나 많은 사람들과 함께 하는 것이 오히려 나를 더욱 외롭고 힘들게 만들어버렸다. 사람들에게 지쳐버린 것이다. 아내는 내가 출근할 때 항상 이렇게 말한다.

"운전 조심하고."

그런데 정작 내가 조심해야 할 것은 운전이 아니라 사람인 것 같다는 생각이 든다. 나는 종종 세일즈맨이 사는 세상은 화려한 무인도 같다는 생각을 하곤 한다. 주변에는 화려한 야자수와 풍족한 먹거리 그리고 아름다운 바다가 펼쳐져 있지만 그래도 결국 무인도다. 모든 것을 갖추고 있는 것 같지만 외롭고 쓸쓸하다.

내 이야기를 들어줄 사람이 없다. 겉으로만 보면 항상 멋진 정장을 입고 다니며 이른바 성공한 사람들, 돈 좀 번다는 사람들을 만나며 비싼 음식과 술을 즐기며 웃고 떠들지만 내 진심을 들어주는 사람은 없다. 그냥 마음 편히 슬리퍼에 트레이닝복 차림으로 나와 동네 호프집에서 앉아서 돈 1만 원짜리 안주 하나에 소주 한 잔을 기울이며 진짜 나의 이야기를 들어줄 사람이 너무 그립다.

나는 언제나 웃는다. 슬퍼도 웃고 힘들어도 웃고 화가 나도 웃는다. 언제나 고객의 이야기를 들으며 웃어야만 하는 가면을 쓰고 살아가고 있다. 나는 세일즈맨이기 때문이다.

세일즈맨으로 살아간다는 것은 참 힘든 일이다. 돈이라도 많이 벌면 모르겠지만 또 그것도 아니다. 겉보기만 화려하지 아직까지 하루하루 실적에 치이고 카드 값에 치이는 빛 좋은 개살구일 뿐이다. 보통의 세일즈맨들은 이렇게 사람에 치이고 돈에 치이며 하루하루 살아간다. 어쩌면 하루하루 버텨가는 걸지도 모른다.

하지만 포기할 수는 없다. 힘들어도 간, 쓸개 다 빼놓고 이 악물고 버틴다. 나에게는 지켜야 할 가족이 있고 나의 소중한 꿈이 있기 때문이다. 나는 오늘도 어디선가 혼자만의 외로운 싸움을 이어가고 있는 대한민국 수백만 세일즈맨에게 그리고 나에게 파이팅을 외친다.

"오늘도 힘들고 내일은 더 힘들겠지만
모레는 아름다울 것이다."
— 마윈

영업대장 안규호의 절대 멘트 15계명

1   고객이 기억하기 쉬운 나만의 자기소개를 준비하라.

2   같은 말도 낯설게 전달해 흥미를 끌어내라.

3   고객을 사로잡을 18초를 준비하라.

4   고객 스스로 문제를 깨닫게 하라.

5   핵심 질문으로 고객의 욕구를 정확히 파악하라.

6   고객이 반박할 수 없도록 그의 말을 따라 하면서 질문의 꼬리를 물어라.

7   질문과 질문 사이에 적절한 맞장구를 쳐라.

8   선택지는 최소한으로, 명쾌하게 제시하라.

9   장황하게 상품을 설명하는 대신 고객의 손에 쥐여주어라.

10   스스로 고객이 되어보고 자신 있게 추천하라.

11   비싸다고 불평하는 고객에게 확실한 가격 기준을 제시하라.

12   최악의 단점도 최고의 장점으로 승화하라.

13   속마음을 꿰뚫는 돌직구 질문을 준비하라.

14   서비스를 줄 때도 기분 좋은 이유를 덧붙여라.

15   지금 당신에게 사야만 하는 이유를 선물하라.

멘트가 죄다

2018년 5월 24일 초판 1쇄 | 2024년 3월 29일 18쇄 발행

지은이 안규호
펴낸이 박시형, 최세현

책임편집 조아라
마케팅 양근모, 권금숙, 양봉호, 이도경 **온라인홍보팀** 신하은, 현나래, 최혜빈
디지털콘텐츠 최은정 **해외기획** 우정민, 배혜림
경영지원 홍성택, 강신우, 이윤재 **제작** 이진영
펴낸곳 (주)쌤앤파커스 **출판신고** 2006년 9월 25일 제406-2006-000210호
주소 서울시 마포구 월드컵북로 396 누리꿈스퀘어 비즈니스타워 18층
전화 02-6712-9800 **팩스** 02-6712-9810 **이메일** info@smpk.kr

ⓒ 안규호 (저작권자와 맺은 특약에 따라 검인을 생략합니다)
ISBN 978-89-6570-635-9 (03320)

쌤앤파커스(Sam&Parkers)는 독자 여러분의 책에 관한 아이디어와 원고 투고를 설레는 마음으로 기다리고 있습니다. 책으로 엮기를 원하는 아이디어가 있으신 분은 이메일 book@smpk.kr로 간단한 개요와 취지, 연락처 등을 보내주세요. 머뭇거리지 말고 문을 두드리세요. 길이 열립니다.